아직도 세상은 아름답다

– 딸과 아들에게 보내는 희망편지 –

아직도 세상은 아름답다

— 딸과 아들에게 보내는 희망편지 —

이영숙 지음

문경出판사

책머리에

'아직도 세상은 아름답다' 산문집을 출간하며

21세기 현대인들은 많은 것들을 누리며 살고 있다.

풍요로운 물질을 탐닉하고, 편리하고 안락한 생활환경에 젖어 있어 조금의 불편함도 참아내지 못하는 습관을 갖는 사람들이 점점 늘어나고 있다. 며칠 전 아파트 전체 세대가 30분간 정전이 되었었다. 비상등으로 집안의 어둠을 최소한 막아내고 있었지만 창밖을 바라보니 온 동네가 칠흑 같은 어둠속에 쌓여 있었다.

나는 잠시 동안 많은 걱정을 했다. 만약 이 정전의 시간이 오래 지속된다면, 추운날씨에 난방을 못하니 많은 사람들이 얼어 죽을 수 있겠다는 생각이 들었다.

보일러도 전기로 돌리고, 전기장판, 전열기를 전혀 쓰지 못하게 되니 정전의 지속은 사람들에게 위험이 되는 것은 명약관화明若觀火 즉, 불을 보듯 뻔한 일이었다.

그동안 편리한 생활을 하면서도 감사함을 느끼지 못하고, 당연한 것으로 여겨왔던 것을 반성하는 시간이 되었다. 이처럼 우리는 풍요로움 속에서 감사를 느끼거나 행복감을 얻는 것보다, 무언가 부족하다고 느낄 때, 또는 위태로워졌을 때 잊고 지냈던 감사를 생각하게 된다.

위기에 부딪쳐야만 풍요로움 속에서 감사함을 느끼지 못했던 자신을 반성하게 되는 것이다. 나중에 알게 된 일이지만 정전이 되던 날 아파트 관리사무실 전화는 북새통을 이루고 많은 사람들이 정전사태에 대하여 참지 못하였고, 기다려주는데 인색하였다는 것이다.

이와 같이 요즘은 많은 사람들이 분노조절이 잘 안 되고 있다는 것을 언론매체들을 통해서도 잘 알 수 있다. 참으로 가슴 아프고 알고 싶지 않은 소식들이 즐비하게 늘어 서 있다. 대부분의 사람들이 풍요로운 세상이라고 외치고 있지만, 그 풍요 속에서 행복해하는 사람보다 행복해 하지 않는 사람들이 더 많다는 것을 볼 때가 있다.

풍요는 인간의 욕구를 더욱 자극시키고, 그 욕구를 채우기 위해서 이성을 잃게 만들기도 한다. 그래서 욕구가 충족되지 않았을 때 괴로워하고 불행하다고 느끼는 것이리라. 그리고 일부 사람들은 불행하다고 느낄 때 많은 것을 포기한다. 심지어 생명까지도 저버리는 행동을 서슴지 않는 것을 종종 볼 수 있다. 이러한 행동은 자아존중감 미달이거나, 사랑의 마음과 감사의 마음을 성장시키지 못한 것이라 할 수 있다.

자아존중감이란 자신이 소중한 존재라는 점, 사랑받을 만한 가치가 있다고 여기는 점, 자신이 유능한 사람이라고 믿는 긍정의 마음이다. 곧 자기사랑을 말하는 것이다.

진정 자기를 사랑할 줄 아는 사람만이 타인을 사랑하는 데 인색함이 없을 것이라 생각한다. 그러나 자신의 정체성을 올바로 알고 자존감을 성숙시키는 일이 얼핏 쉽다고 생각할 수 있겠지만 공동체 속에서 살아가는 우리의 현실에서는 그리 쉬운 일만은 아닐 것이라는 생각이 든다.

인간이 태어나 한 세상을 살아가는 데는 참으로 많은 것들이 요구되고 실천해야 할 일들이 많다. 그것은 인간이 절대로 혼자서는 살수 없기 때문이다. 인간은 자연과 더불어, 인간과 더불어, 함께 살아가야하는 환경에 처해 있기에 관계형성을 잘하고 좋은 관계를 유지시켜야 행복할 수 있다. 이것의 실천은 인간다움에 있다고 생각한다.

인간답다는 것은 인간의 도리에 어긋남이 없다는 것을 말하는 것이다. 인간다운 사람은 선천적으로 타고난다고도 말하지만 대부분 교육을 통해서 인간다운 사람을 만드는 것이다. 이러한 교육이 요즘 부각되고 있는 인성교육이다.

인성교육은 자신의 내면을 바르고 건전하게 가꾸고 타인·공동체·자연과 더불어 살아가는 데 필요한 인간다운 성품과 역량을 기르는 것에 목적을 두고 있다.

핵심 가치·덕목으로는 예禮, 효孝, 정직, 책임, 존중, 배려, 소통, 협동이다. 이와 같은 인성교육에 대한 중요성이 부각되고 있는 시기에, 요즘 SNS에서는 사람들에게 교육지침이 되는 좋은 글, 감동 글, 유익한 정보 등이 많이 게시되고 있다. 그리고 많은 사람들이 글을 퍼 나르고 있어 좋은 글들은 유행가처럼 수많은 사람들에게 알려져 있다.

필자도 카카오스토리, 페이스북, 밴드, 친구들이 보내주는 카톡을 통해서 많은 글을 보고 있다. 특히 좋은 글을 읽을 때마다 품안을 떠난 시집간 딸에게, 군입대한 아들에게도 공유하고 싶어졌다. 그래서 필자가 읽은 책의 좋은 구절이나, 좋은 글들을 읽고 느낀 소감을 적어 딸과 아들에게 아침편지를 쓰기 시작했다. 그 편지글들이 모아져 한권의 책으로 탄생하게 된 것이다.

필자는 아침편지를 쓰면서 딸과 아들의 건강과 행복을 위하여 간절히 기도했다. 딸과 아들이 세상의 이치를 깨닫고 가정과 사회, 국가를 사랑하고 긍정하며, 자연과 화합하며 순리를 깨닫기 바랐다. 그리고 소소하고 작은 일상에 행복해하기를 바랐다. 기쁨을 기뻐하고, 슬픔을 슬퍼하는 당연함에 대한 진리를 이해하기 바랐다.

　우리 모두는 항상 무언가를 하고 있다. 그것은 자신을 위한 일이기도 하겠지만 함께 살아가는 그 누군가를 위한 일이다. 그것이 비록 하찮은 일이라 하더라도 말이다. 전기를 관리하는 일, 상수도를 관리하는 일, 하수도 준설을 하는 일, 도로를 보수하는 일은 사람들의 생명과 안전을 지키는 일이다. 얼마나 많이 감사하여야 할 일인가…

　또한 식탁에 오르는 아주 단순한 계란후라이 하나에도 수많은 사람들의 손길과 땀방울이 스며들어있다. 양계인, 양계를 할 수 있도록 사료를 보급하는 사람, 사료를 만드는 제조업자들, 유통업자, 계란을 요리할 수 있는 주방, 요리도구들 등등, 하나하나 따지자면 수많은 사람들의 일손이 합쳐져야만 한사람의 식탁에 요리가 되어 오르는 것이다. 이처럼 막대한 자원과 에너지 소비가 요구되는 경로를 생각하면, 그 어떤 것도 감사하지 않을 수 없다. 우리가 먹고, 입고, 생활하는 모든 생필품들, 살면서 요구되는 모든 것들에는 서로서로의 땀방울이 응축된 것이다. 그래서 날마다 감사하며 살아도 그 감사에 대한 보답이 되지는 못할 것이라 여겨진다.

　우리들 세상은 작은 우주라 할 수 있는 우리의 몸과 같다. 우리의 몸은 어느 한부분이라도 절대로 소홀히 해서는 안

된다. 소홀히 하면 반드시 병이 나고야 말기 때문이다. 그래서 우리들 세상도 절대로 소홀히 해서는 안 되는 것이다. 몸의 마비는 반신불수가 되거나 그냥 누워있게 된다. 점점 정지되는 길로 들어서는 것이다. 정지된다는 것은 끝을 의미하고 의욕이 떨어지는 일이다. 이러한 이치에서 생각해 본다면 우리들 세상도 그 어떤 아주 작은 부분이라도 소홀히 해서는 안 되는 것이다. 세상의 순기능이 마비가 된다면 사람들이 설 곳이 없어지는 것이다. 세상의 순기능 역할을 하는 사람들은 인성이 갖춰진 사람들이라 할 수 있다. 그러므로 예禮, 효孝, 정직, 책임, 존중, 배려, 소통, 협동 등 인성의 8대 덕목은 우리 몸의 핏줄과도 같이 소중한 자원이라 할 수 있다. 그리고 이 8대 덕목이 우리 몸에서 혈관을 타고 흐르는 피와 같다는 생각으로 인성에 투여해야 한다.

인류에 존재하는 모든 사람들이 인성의 8대 종합비타민을 매일 한 알 씩 먹어가며, 서로 존중하고 사랑하고 감사하며 살아가기를 바라마지 않는다. 그리고 이 책을 접하는 모든 딸과 아들들의 가슴에 아름답고 행복한 감동의 토네이도가 일어나기를 기대해본다.

2016년 02월

가향의 서재에서

추천사

공자는 『논어』에서 "술이부작述而不作."이란 말을 했습니다. "전부터 내려오는 말들을 서술하였지 창작하지는 않았다."는 자신의 공부방법과 내용을 설명한 구절입니다. 그렇습니다. 순수 창작은 쉽지 않습니다. 아니 불가능합니다. '무無'에서 '유有'를 창조한다는 것은 조물주만이 가능한 영역일 듯합니다.

노자는 『도덕경』에서 "일생이一生二, 이생삼二生三, 삼생만물三生萬物."이라 했습니다. "하나에서 둘이 나오고, 둘에서 셋이 나오고, 셋에서 만물이 나온다."는 말입니다. 모든 것의 본질(道)이 태초에는 하나에서 출발했다는 이야기입니다.

가향 이영숙 선생님의 자녀를 사랑하는 아름다운 마음이 하나의 작품이 되었습니다. 누구나 볼 수 있는 자연과 사물들이 시인의 마음 속 용광로에 들어가 멋진 작품이 되어 세상에 나왔습니다. 주변 곳곳에 떠도는 이야기들이 작가의 머리에 들어가 감동의 새 옷을 입고 세상에 나온 것입니다. '술이부작'입니다.

어디나 존재하고, 누구나 들을 수 있는 이야기라도 가향의 마음에 담기면 작품이 되는 것 같습니다. 분주한 공직생활 속에서도 부지런히 병행한 문학 활동, 그래서 여러 작품들이 나왔습니다만, 그 중에서도 이번 자녀를 위한 어머니의 편지가 가장 소중한 작품이 아닐까 생각합니다.

세상에 가장 소중한 가치를 한 단어로 말하라면 '사랑'이 아닐까 생각합니다. 그 사랑을 잘 표현하는 분은 어머니입니다. 세상에 어머니보다 고결하고 아름다운 마음을 지닌 존재는 없습니다. 자녀를 사랑하는 어머니의 따뜻한 마음이 글이 되어 세상이 나왔습니다.

자녀를 사랑하는 어머니의 마음은 그 무엇과도 바꿀 수 없습니다. 이런 어머니의 감동적인 사랑에 조금이라도 보답해야 한다는 뜻에서 '효孝'사상도 나왔습니다. 내리 '사랑'이 '효'로 승화한 것입니다. 애초 하나뿐인 사랑에서 또 다른 사랑이 나왔고, 그 사랑은 다시 세상을 사랑하는 마음을 낳습니다. 하나에서 둘, 둘에서 셋, 셋에서 만물이 나왔다는 노자의 이치입니다.

그런 '사랑'과 '효'는 연속적입니다. 부모의 자녀 사랑은 자녀의 부모에 대한 사랑과 공경으로 이어지고, 이것이 다시 대를 이어가면서 "효자 집안에 효자난다."는 말까지 나왔습니다. 가향 선생님의 자녀 사랑은 곧 본인이 부모로부터 사랑의 발로가 아니고서는 나올 수 없는 따뜻함이 담겨 있습니다. 이것이 다시 효로 이어짐은 당연한 귀결이라 생각합니다. 가향 선생님의 부모에 대한 효정신이 자녀에 대한 사랑으로 이어지고, 선생님의 자녀들은 또 다시 선생님에 대한 효로 이어질 것입니다.

행복한 가정은 부모의 자녀 사랑과 자녀의 부모 공경의 효가 어우러지면서 나온다고 생각합니다. 그런 의미에서 이 책은 널리 읽혀졌으면 합니다. 행복한 가정을 이루기 원한다면 이 책의 필독을 권합니다. 가정이 행복하다면 모든 공동체도 함께 행복해 집니다. 행복한 사회의 중심에는 늘 '사랑'과 '효'가 있습니다. '사랑'과 '효'의 모범을 보이며 책을 집필하신 가향 선생님께 박수를 보내며, 추천의 글을 마무리합니다.

2016년 2월 18일

김덕균 (성산효대학원대학교 교수)

차례

- **책머리에** · 8
- **추천사**_김덕균 · 14

제1부 행복의 비밀

25 · 행복의 씨앗
28 · 전문가로 가는 길
31 · 인간관계의 달인이 되려면
35 · 시간의 소중함
37 · 변화의 기쁨
40 · 사랑
42 · 생각의 차이
47 · 이런 말은?
49 · 희망은 늙지도 사라지지도 않는다
52 · 아버지의 사랑의 농도
55 · 내가 먼저 존중하자
58 · 가장 좋은 나이
61 · 인생은 옛 이야기 주인공
64 · 보석 같은 땀방울 소유하기
66 · 소통
69 · 이런 사람

71 · 올바른 신념
74 · 사랑을 누리며 살자

제2부
희망 스위치

79 · 희망 스위치
81 · 건강과 가족은 언제나 1순위
84 · 말은 인격이다
87 · 메모하는 습관을 갖자
89 · 우리는 모두 소중한 존재인거지
92 · 누군가 나를 눈여겨보고 있다
95 · 나는 행복한 사람이다
97 · 여유
100 · 선택과 결정은 신중하게
103 · 인간은 자기가 생각하고 있는 것과 같은 인간이 된다
105 · 행운은 마음의 준비가 있는 사람에게만
　　　미소를 짓는다
107 · 독서가 정신에 미치는 영향은
　　　운동이 육체에 미치는 영향과 같다
109 · 친절한 말은 봄볕과 같이 따사롭다
111 · 남의 생활과 비교하지 말고 네 자신의 생활을 즐겨라

113 · 참사랑은 희생이며 실천하는 것이다
116 · 현대그룹 전 회장 정주영 님의 어록
118 · 자신감 있는 표정을 지으면 자신감이 생긴다

제3부 절대로 꿈을 포기하지 말라

123 · 절대로 꿈을 포기하지 말라
128 · 익어간다는 것
130 · 감사와 행복
134 · 빌게이츠의 인생충고 10가지를 읽고
141 · 세상에는 공짜가 없다
143 · 사랑과 봉사
147 · 시간을 소중히 여기자
151 · 딸의 특기를 찾아주다
153 · 기분 좋은 날
156 · 하루 24시간 2배 활용법
161 · 행복 주소지 (항상도 그곳군 지금면 자신리 한바른 번지)
164 · 세 가지 질문
166 · 건강을 위한 숙면방법
173 · 사소한 것에 연연하지 않는 10가지 지혜
177 · 기부의 행복가치

182 · 다양한 세상을 이해 할 수 있는 힘은 긍정과 사랑이다
184 · 당당한 이별과 떳떳한 만남
187 · 생각하기 나름

제4부 아직도 세상은 아름답다

193 · 아직도 세상은 아름답단다
198 · 천천히, 그리고 꾸준히
202 · 삶의 언저리
206 · 분노 조절
208 · 인맥관리
210 · 우리가 자주 만나야 할 사람들
213 · 사랑받는 사람의 비밀
217 · 감동적인 말은 사람의 마음을 움직인다
220 · 진정으로 자신을 사랑하는 법
222 · 원칙과 약속의 중요성
226 · 명언을 통하여 깨닫는 시간의 중요성
229 · 성공을 위한 주문
232 · 위기는 기회의 안타
235 · 자신이 처한 환경을 받아들이고 극복하자
238 · 만족한 삶을 위하여 갖추어야 할 것들

241 · 당신이 자랑스럽습니다
244 · 감정조절
246 · 필요한 짐은 끝까지 짊어지고 가자
249 · 욕심과 집착 버리기
251 · 비난에도 칭찬에도 동요하지 말자

제5부 마음먹기 나름

255 · 마음먹기 나름
257 · 새해의 아침
265 · "세상은 고통으로 가득하지만
  그것을 극복하는 사람들로도 가득하다."
266 · "몸가짐은 각자의 자기의 모습을 비추는 거울이다."
267 · "말도 아름다운 꽃처럼 그 색깔을 지니고 있다."
268 · 계단을 밟아야 계단 위에 올라설 수 있다
270 · 사랑할래요. 내 인생······.
275 · 긍정의 말과 배려
278 · 안목
281 · 감정관리 7단계
284 · 멋진 인생에 대하여
287 · 자신을 명품화 시키자

290 · 누군가 나의 안부를 물어온다면
　　　　나는 잘 살아 온 거라 확신할 수 있지…….
293 · 인생에서 가장 중요한 3가지들
297 · 네 종류의 친구
300 · 고운 말 좋은 말 예쁜 말
303 · 내 안에 숨어 있는 것들

■ **작품해설**
'아직도 세상은 아름답다'를 읽고 _ 김우식 · 307

제1부

행복의 비밀

사랑하는 아들 보시게나

  시월이 저물어 가니 가을이 무르익어가는구나
  저녁노을이 마치 다음 날 솟아오를 일출을 약속하는 것처럼 기울임 다음에는 반드시 다시 성成 하며 바로 선다는 것을 일깨워 주는 것 같구나
  이것은 우리가 음양 속에서 살아가는 삶을 증명하는 거겠지…
  아들이 군에 입대한지도 11개월의 고개를 지나고 있는데 아들이 군 전역하고 나면 부대에서의 추억할 만한 일은 많겠지만 엄마와의 추억은 별로 없을 것 같아 엄마의 아침편지를 보낸다. 엄마가 편지를 매일 보내는 것은 추억도 중요하지만 긴 책을 매일 보기 어려우니 짧은 엄마의 글이라도 읽으면서 마음의 수양을 얻기 바라는 마음이란다. 모쪼록 아들에게 유익한 시간이 되기를 소망한다.

| 오늘의 주제 |

행복의 씨앗

제우스가 행복의 신에게,
'행복'이란 씨앗을 주며 적절한 곳을 찾아 행복의 씨앗을 숨겨 두고 오라고 하였다.
행복의 신이 길을 떠나기 전, 제우스가 그에게 물었다.
"그래, 행복을 어디에 숨길지는 생각해 보았느냐?"
그러자 행복의 신이 대답했다.
"네, 아무리 생각해봐도 바다 깊은 곳이 좋을 것 같아요. 거친 파도와 풍랑을 이겨내는 사람만이 찾을 수 있도록 말이에요."
하지만 제우스는 말없이 고개를 좌우로 저었다. 그러자 행복의 신이 잠시 생각한 후, 다시 말했다.
"그럼 세상에서 가장 높은 산 위에 숨겨 둘까요? 용기와 도전정신을 지닌 사람만이 찾을 수 있도록 말이에요."

하지만 제우스는 여전히 고개를 저으며 묵묵부답이었다.
행복의 신이 고개를 갸우뚱거리자, 제우스가 그에게 이렇게 말했다.

"깊은 바다와 높은 산을 찾는 일은 생각보다 어렵지 않단다. 사람이 가장 찾기 어려운 곳은 바로 자신의 마음속이니 그 씨앗을 사람들의 마음속에 하나씩 뿌려 두고 오거라."(이야기 출처: 카카오스토리 명언과 명사들)

이 이야기는 우리 속담의
"등잔불 밑이 어둡다."
"업은 아기 3년 찾는다."라는 말을 생각나게 하지. 우리는 어떤 문제가 발생 했을 때 아주 가까이에서 문제를 풀 수 있는 방법이 있는 것을 깨닫지 못하고 가장 멀리 있는 곳에서 찾아 헤매는 미련함을 보일 때가 많이 있지. 이처럼 아주 가까운 자기 마음을 잘 살피라는 이 이야기가 깨달음을 주는구나.

우리 마음 안에 행복의 신이 행복의 씨앗을 숨겨놓았다는 비밀을 알게 되었으니,
우리는 그 씨앗을
배려와 용서의 물로
사랑과 봉사의 비료로
나눔의 영양분으로

정성껏 잘 키워 행복의 굵은 열매를 수확하는 기쁨을 누려보면 어떨까 생각해 보았단다.

사랑하는 내 아들의 마음 안에서도 잘 자라고 있는 행복의 씨앗이 승승장구 길게 뻗어나가길 기도한다.

2014년 10월 29일 수요일
사랑하는 엄마가

| 오늘의 주제 |

전문가로 가는 길

 전기 분야의 전문가였던 스타인 맥스는 미시간 주에 있는 헨리 포드의 첫 번째 공장에 큰 발전기를 설치했다.

 어느 날 이 발전기가 고장이 나서 공장 전체의 가동이 중단됐다. 수많은 수리공과 전기공들을 불렀지만 고칠 수가 없었다. 며칠간의 공장 중단은 포드사에 막대한 손해를 발생시켰다.

 결국 헨리 포드는 발전기를 설치했던 스타인 맥스를 불렀다. 스타인 맥스가 발전기를 여기저기 살피자 마침내 공장은 재가동이 되었다.

 며칠 뒤, 스타인 맥스는 헨리 포드에게 발전기 수리비로 만 달러를 청구하였다. 그 당시 만 달러라는 금액은 상당한 거금이었다.

 만 달러의 입금 청구서를 받은 헨리 포드는 그가 대충 몇

군데 두드려 보기만 하고 힘들여 일한 것 같지도 않은데 고친 비용이 너무 비싸다는 생각을 하였다.

그런 생각을 한 헨리 포드는 청구서에,

"이 청구서의 금액은 당신이 몇 시간 모터를 두드리면서 고친 것에 비해 너무 비싼 것이 아닙니까?"라는 메모를 붙여서 돌려보냈다.

과연 스타인 맥스는 헨리포드의 생각을 인정했을까?

스타인 맥스는 헨리포드가 너무 비싸다고 온 메모 답 글에 "모터를 두드리며 일한 임금이 10달러, 어디를 두드려야 할지를 알아낸 것이 9,990달러, 합계 일 만 달러."라고 썼다고 한다.

결국 헨리 포드는 그 금액을 다 지불했다고 한다.

이 이야기는 세계적으로 널리 알려져 있는 자동차 왕 '헨리 포드'와 당시 전기 분야의 전문가였던 '스타인 맥스'의 비용 일화로 유명하단다.(이야기 출처: 좋은글)

여기서 우리가 얻을 수 있는 교훈은

"어떤 일을 했느냐"가 중요한 것이 아니고 그 일을 "어떻게 해야 하는지에 대한 목표와 방향성"이며, 그리고 전문가라는 점이지

우리는 앞으로 살아가면서 많을 일들을 해야 하고 장애물을 견뎌야 하는 일들이 상당히 많을 것으로 생각한다. 그

럴 때 마다 목표를 정하고 정확한 방향을 설계한다면 살아가면서 그리 어렵지 않겠다는 생각을 해본다.

어떠한 일에 대한 정확한 목표와 방향성을 잡고 어느 분야의 전문가가 되려면 많은 지식을 쌓고 많은 경험을 해야 하는데 그러려면 많은 시간과 많은 사례를 접해야 되겠지.

그것을 가장 빨리 얻을 수 있는 방법이 많은 사례와 지혜가 담긴 책을 읽는 것이라고 엄마는 생각한다.

명나라 때 양천상이라는 사람은 하루에 3장씩 매일 책을 읽어 독서왕 칭호도 얻고 유명해졌다고 한다.

책을 읽기 어렵다 생각 말고 단 한 장이라도 매일 읽는 습관을 들인다면 아들도 15년 후에는 독서왕도 되고 훌륭한 전문가로, 인격자로 성공해 있는 자신의 모습을 발견 할 수 있을 것이라 여겨진다.

오늘도 건강하게 파안대소하는 기적의 시간 함께하길 기원하며

2014년 10월 30일
사랑하는 엄마가

| 오늘의 주제 |

인간관계의 달인이 되려면

사람은 누구나 혼자서는 도저히 살수 없다는 것은 진리이자 숙명이라는 생각을 한번쯤은 해보았을 것이다. 물론 산속에서 혼자 사는 사람도 있겠지만 그 사람이 먹고 쓰는 생필품 모두가 본인이 자급자족 할 수 없는 것을 본다면 결코 혼자의 힘으로 산다고 볼 수가 없는 것이지.

누구나 태어나면서부터 제일먼저 엄마, 그리고 아버지를 만나 가정이라는 조직으로 시작해서 학교, 직장, 나아가 사회의 한 구성원으로 살아가게 되는 것이 우리들의 일반적인 생활인 거지. 이처럼 우리가 살아가는 지구상에서는 인간관계라는 네트워크가 형성되어 있단다.

살면서 외롭지 않고 고독하게 살아가지 않으려면 인간관계가 참으로 중요한데 그 인간관계를 잘하는 다섯 가지 법칙(양광모의 「당신만의 인맥」)이 있다는 글이 있어 소개하니 아들이 인간관계의 달인이 되는데 참고하길 바란다.

첫째, 노크(Knock)의 법칙이란다.
닫혀 있던 마음의 문을 열고 상대에게 먼저 노크하고 자신을 소개하면서, 먼저 진솔한 모습과 인간적인 모습, 나아가 망가진 모습까지 보여준다면 상대방도 편안하게 자신의 마음의 문을 열게 한다는 것이겠지.

둘째, 거울(Mirror)의 법칙이란다.
거울은 자신이 웃는 모습을 보이지 않으면 절대로 먼저 웃는 모습을 보여주지 않는다는 진리를 말하는 것이지.
내가 먼저 상대에게 관심을 가져주고 공감하고 배려한다면 상대방도 관심을 가져주고 공감과 배려하는 것을 거울 속에서 비추이는 것처럼 보여준다는 것이겠지.

셋째, 베풂(Give & Take)의 법칙이란다.
자신이 상대에게 베풀지 않으면서 상대가 베푸는 것을 기대하지 말라는 것이지. 그래서 상대에게 호감을 얻고 싶으면 먼저 호감을 품어야 한다는 것이지.
자기를 좋아하는 사람을 싫어하는 사람은 없는 것처럼 내가 먼저 베풀고 좋아해준다면 인간관계가 훨씬 매끄럽게 이루어진다는 것으로 볼 수 있다는 것이겠지.

넷째, 짝지(Couple)의 법칙이란다.

누구나 한 번쯤 "그냥 왠지 주는 것 없이 밀고 받는 거 없어도 좋은 사람이 있는 것"을 경험하지 않았나 하는 생각이 든다.

즉 저절로 통하는 사람이 있다는 거지.

짚신도 짝이 있듯이 사람마다 맞는 짝이 있기 마련이라는 것이지.

인간관계가 많다 보면 악연이 생기기 쉬운데 모든 사람을 친구로 만들려고 하려면 힘이 드니까 통하는 사람과 친해지는 것이 더 바람직하다는 의미란다.

하지만 악연도 지혜롭게 잘 풀어나간다면 절대로 적이 없는 인간관계를 만들 수 있다는 생각을 해본다. 그러나 100중 51명이 좋아해주고 49명이 싫어하는 인간관계를 성공한 인생이라고 말하는 것을 보면 적이 없는 인간관계를 이루는 것이 어렵긴 어려운가 보다. 그렇지만 항상 긍정의 마인드로 생활한다면 많이 완화 될 것이라는 생각이 든다.

다섯째, 낭만(Romance)의 법칙이란다.

내가 하면 로맨스이고. 남이 하면 불륜이라는 유행어가

있듯이 사람은 대부분 자기중심적으로 판단하고 평가하는 경향을 말하는 것이지.

 많은 사람과 좋은 인간관계를 만들고 싶으면 이러한 이중 잣대를 버리고 상대방을 있는 그대로 받아들이고 인정하라는 의미인 것으로 생각된다. 이러한 다섯 가지 법칙이 반드시 인간관계의 달인을 만들 수 있는 것은 아니지만 이러한 법칙이라도 머릿속으로 되뇌이며 생활한다면 많은 도움이 될 것 같아서 소개해 보았단다.

 살아가면서 많은 사람들의 본보기가 되고 존경받는 아들이 되기를 기대하며 소망한다.

 늘 파안대소破顔大笑하는 기적의 시간 누리길 바라며

2014년 10월 31일 금요일
사랑하는 엄마가

| 오늘의 주제 |

시간의 소중함

    우리는 매일 같이 86,400초, 시간으로 환산하면 24시간을 선물 받고 있지. 그런데 우리는 매일같이 받고 있는 이 시간을 얼마나 소중하게 생각하며 가치 있게 사용하려고 노력하고 있는지 한번쯤은 되돌아보아야 하지 않을까 라는 생각을 해보았단다.

    봄, 여름처럼 늘 푸르고 건강하고 아프지도 않을 것만 같았던 엄마의 푸름도 어느덧 겨울을 맞이하는 가을의 얼굴을 닮았구나. 되돌아보면 엊그제 같았던 일들이 아득히 멀어져가고 잡히지 않는 곳에서 추억의 바람이 되어 나부끼고 있구나.

    참으로 거침없이 빠르게 떠나간 시간을 생각하니 헛되이 보낸 시간들이 정말로 아깝다는 생각이 든단다. 요즈음은 그때 그 시간을 "이렇게 보냈더라면, 저렇게 보냈더라면",

하는 후회의 독백이 서슴없이 쏟아져 나오고 있단다.

  한번 지나가면 다시 오지 않을 시간이란 것을 생각한다면 진저리 처지도록 감사하게 여기며 지금 얻은 시간을 진정으로 귀중하게 써야 한다는 생각을 해본단다.

  일초의 가치는 아찔한 사고를 순간적으로 피할 수 있었던 사람에게, 천분의 일초의 소중함은 아깝게 은메달에 머문 육상선수에게, 일분의 가치는 열차를 놓친 사람에게 물어본다면 시간의 소중함이 얼마나 커다란지 알 수 있을 것이라는 말이 있단다.

  만일에 지금 하고 있는 일들이 원하던 일이든 아니던 간에 꼭 해야만 하는 일이라면 시간을 낭비하지 말고 즐기면서 일하고, "그때 그 일이, 그 시절이 참 좋았지."라고 회상할 수 있는 유익한 시간을 만드는 것도 지혜로운 시간사용법이 될 것이라 여겨진다.

  모든 순간을 헛되이 보내지 않고, 절대로 후회하지 않는 인생을 만드는데 최선을 다하는 사람이 가장 시간을 잘 사용하는 사람이라 할 수 있겠지? 늘 주어진 시간에 감사하며 1초도 유익하게 소중하게 생각하는 마음을 키워나가길 바라며

2014년 11월 01일 (토)
사랑하는 엄마가

| 오늘의 주제 |

변화의 기쁨

어느 시골에 병약한 남자가 살았단다.

그 남자 집 앞에는 큰 바위가 하나 있었는데 그 바위 때문에 집의 출입이 너무 힘들었지. 몸도 아프고 약한데다 집에 드나드는 것도 힘이 드니 더욱 쇠약해져만 갔지. 그러던 어느 날 하나님이 꿈에 나타나

"사랑하는 아들아! 집 앞의 바위를 매일 밀어라!"
라고 말씀하셨대.

그 때부터 그는 희망을 가지고 매일 바위를 밀었다지. 그렇게 매일 8개월이 지나도록 바위를 밀었지만 바위는 1인치도 옮겨지지 않았다는 사실을 알게 되었지.

그 남자는 지난 8개월 이상의 헛수고가 원통해서 현관에 앉아 엉엉 울었다지. 바로 그 때 하나님이 나타나셔서,

"사랑하는 아들아! 왜 그렇게 슬퍼하지?"

라고 묻자 그 남자는,

"바로 하나님 때문입니다. 하나님 말씀대로 지난 8개월 동안 희망을 품고 바위를 밀었는데 바위가 전혀 옮겨지지 않았습니다."

라고 했다지.

그러자 하나님께서,

"나는 네게 바위를 옮기라고 말 한 적이 없단다. 그냥 바위를 밀라고 했을 뿐이야. 이제 거울로 가서 너 자신을 보렴."

그 말을 듣고 그 남자는 거울 앞으로 가서 자신을 바라보았지. 거울을 바라본 그는 곧 자신의 변화된 모습에 깜짝 놀란 거야. 거울에 비춰진 그 남자는 그동안 병약했던 자신의 모습이 아니라 근육질로 잘 다듬어진 자신의 모습으로 바뀐 것을 보고 놀란 거지. 그리고 지난 8개월 동안 밤마다 하던 기침이 없었고, 매일 기분이 상쾌했었고, 잠도 잘 잤던 기억을 하며 하나님께 감사했단다.(이야기 출처: facebook)

이 이야기에서 얻는 교훈은 "모든 것은 하루아침에 이루어지지 않는다는 것"을 보여주는 것 같아. 무슨 일이든 꾸준히 지속적으로 성실하게 실천해야만 변화를 얻을 수 있다는 것을 보여준 것이라 생각해.

무슨 일을 조금 해보고 자주 싫증을 낸 다던가, 쉽게 포기

한다면 결코 목적달성을 할 수 없겠지. 무조건 꾸준히 끊임없이 지속적으로 일을 해야만 목적달성을 하고 변화를 이루게 된다는 거지.

  이러한 교훈을 머릿속에 간직하고 늘 인내와 끈기를 곁에 두고 도구처럼 사용하는 지혜로운 사람이 되기를 바라며……

2014년 11월 02일(일)

사랑하는 엄마가

| 오늘의 주제 |

사랑

우리는 곧잘 "사랑해"라고 말들 하지.
그런데 그 사랑의 의미와 영역은 정말로 추상적이지
"그냥 좋은 것 이상? 그냥 내편의 의미? 뭐 이런 것들을 포함한 거겠지."라고만 생각했는데 이수현 작가의 "사랑의 발견"이란 책에서 아주 공감되는 글이 있어 소개한다.

사랑은 강한 동질성을 기초로 확장된다.
말하지 않아도
상대가 비슷한 생각을 하고 있으며,
대답하지 않아도
동의하고 있을 거라는 믿음이 그것이다.

하지만 사랑은
서로의 동질성을 확인하기보다는

격렬하고 가슴 아프게
서로의 차이점을 발견하는 과정이다.

사랑하는 사람들은 아리스토파네스의 말처럼
'원래 하나였던 반쪽을 다시 찾는 것'이 아니라
처음부터 다른 존재였다.

도저히 받아들일 수 없는
상대의 방식을 받아들이고
그 차이를 인정하는 것이 사랑의 시작이다.

내 주변에서 동료나, 상사, 또는 친구가 도저히 받아들일 수 없는 행동을 하더라도 받아들이고 나와 다른 점을 인정해주는 마음이 사랑의 시작이라 하니, 사랑으로 인간관계를 원만하게 수용하는 것을 익히고 습관화 한다면 좋겠다는 생각을 해본다.

모쪼록 늘 처음처럼 사랑의 미소로 행복한 시간누리길 기대한다.

2014년 11월 03일(월)

사랑하는 엄마가

| 오늘의 주제 |

생각의 차이

미국의 어느 농장에서 일하던 두 남자가 농장을 떠나 새로운 곳으로 가기로 마음먹고 기차역으로 향했지. 한 남자는 뉴욕으로 가는 표를 사고, 다른 남자는 보스턴으로 가는 표를 샀단다.

두 남자는 의자에 앉아 기차를 기다리다가 역내를 오가는 사람들에게서 "뉴욕 사람들은 인정이 메말라서 길을 가르쳐 주고도 돈을 받는데, 보스턴 사람들은 거리에서 구걸하는 거지한테도 인심을 후하게 베푼 다네요."라는 말을 듣게 되었지.

이 말을 듣게 된 뉴욕 기차표를 산 남자는 "아무래도 보스턴으로 가는 게 낫겠어. 일자리를 못 구해도 굶어죽을 일은 없을 거야. 하마터면 큰일 날 뻔했잖아."라고 생각했단다.

하지만, 보스턴 기차표를 산 남자는 "그래, 뉴욕으로 가는 거야, 길을 가르쳐 주고도 돈을 받는다면 금방 부자가 될 수 있을 거야. 하마터면 부자가 되는 기회를 놓칠 뻔 했잖아."라고 생각했단다.

두 남자는 상의 끝에 표를 바꾸기로 결심하고, 뉴욕으로 가려던 사람은 보스턴으로, 보스턴으로 가려던 남자는 뉴욕으로 가게 되었지.

보스턴에 도착한 남자는 금세 그곳 생활에 적응해나갔고, 한 달 가까이 일을 하지 않고도 사람들이 나누어 주는 빵으로 놀고먹을 수 있었단다. 그는 그곳이 천국이라는 생각을 하며 게으르게 살았다지.

그러나 뉴욕으로 간 남자는 돈을 벌 기회가 곳곳에 숨어 있다는 생각에 매우 들떠 있었지. 조금만 머리를 쓰면 먹고 살 걱정을 하지 않아도 될 것 이라고 생각했지. 그는 도시사람들이 흙에 대한 특별한 향수와 애착을 가졌을 것이라 판단하고 공사장을 찾아다녔단다. 그리고 흙과 나뭇잎을 비닐에 담아 포장해서 "화분흙"이라는 이름을 써서 팔기 시작했단다. 꽃과 나무를 좋아 하지만 흙을 가까이서 본적 없는 뉴욕사람들은 화분흙을 신기해하며 사가기 시작했다지. 그의 판단이 적중한 것이었지. 화분흙이 뉴욕사람들의 마음을 움직인 것이래. 그는 화분흙으로 꽤 많은 돈을 벌었고, 뉴욕생활 일 년 뒤에는 작은 방한 칸을 마련할 수 있었다지.

그러던 중 그는 우연히 불빛이 꺼진 상점 간판을 발견하게 되는데, 화려한 불빛으로 거리를 밝혀야 할 간판들이 하나같이 쌓인 먼지와 찌든 때로 제 빛을 발하지 못하고 있는 것을 본거야. 더욱 놀라운 것은 그러한 간판이 뉴욕시내에 수두룩하다는 것이었지. 그는 청소업체들이 건물만 청소할 뿐, 간판까지 청소해야 할 책임은 없다는 사실을 알게 되었단다.

그는 당장 사다리와 물통을 사들이고 간판만 전문으로 청소해주는 간판청소 대행업체를 시작하였대. 그의 아이디어는 적중하였고 곧 성공으로 이어졌지. 그는 직원 150명을 거느린 기업의 사장이 되었고, 다른 도시에서도 청소를 의뢰할 만큼 유명해졌단다.

그렇게 5년이라는 세월이 흘러 그는 휴식을 취할 겸 보스턴으로 여행을 떠났는데, 보스턴 기차역에서 나오자마자 꾀죄죄한 모습을 한 거지가 다가와 돈을 달라며 구걸을 하더라는 거야. 그런데 거지의 얼굴을 본 그는 깜짝 놀라 그 자리에서 얼어붙고 말았지. 그는 다름 아닌 바로 5년 전에 자신과 기차표를 바꾼 친구였던 것이야.(이야기 출처: 카카오스토리) 거지가 된 그 친구는 뉴욕에 가서 성공한 친구를 보면서 과연 무슨 생각을 했을까? 기차표 바꾼 것을 후회했을까???

이 사례는 "어떠한 일을 어떻게 생각하느냐" 하는 "생각의 차이"가 인생의 성공을 좌우한다고 생각해도 지나치지 않음을 의미하고 있다고 여겨진다.

처음에 뉴욕 기차표를 산 남자는 왜 자신이 일자리를 얻지 못할 경우만을 생각했을까? 그 남자는 모험심이 없었고 용기도 없었기 때문이 아니었을까?

특별한 인생, 성공한 인생을 사는 사람들의 이야기를 들어보면 절대로 놀고, 먹으며 생활하는 사람이 한명도 없었다는 것에 관심을 가져야 한다는 것이지.

특별한 인생을 사는 사람들은, 처음에 보스턴 기차표를 산 남자처럼 도전 정신이 강하고 세상의 그림을 그냥 흘려보내지 않고 관찰하면서 체험하면서 살아가는 사람들일 거라 생각해. 표를 바꾸어서라도 인심이 야박한 뉴욕, 미지의 세계를 체험하려는 용기와 확신이 그 남자를 성공시켰을 거라 생각한다.

우리가 어떤 선택을 하느냐에 따라서 우리의 운명이 달라진다는 것인데, 운명의 절반은 환경적인 조건으로 정해지지만 나머지 절반은 자신의 힘으로 얼마든지 설계하고 조정할 수 있다는 것이지.

누군가 "인생이란 새로운 희망을 찾아 항해하는 과정이다. 용감한 사람만이 자신의 운명을 개척하고 자신만의 희망을 찾을 수 있다."라고 말한 것도 한번뿐인 인생 소중히 생각하고 잘 설계하여 특별한 인생 살아가라는 촉구가 아닌지 생각해 본다.

날마다 탁월한 선택으로 후회 없고, 순풍에 돛단 듯 평안한 시간 누리길 기도한다.

2014년 11월 04일 화요일

사랑하는 엄마가

| 오늘의 주제 |

이런 말은?

　사람들은 자신의 뜻을 남에게 전달하는 수단으로 말(언어)을 사용하게 되지. 대부분 대화를 할 때, 상대가 하는 말을 그대로 받아들인다는 것은 누구나 똑같을 거라 생각한다. 그런데 아래와 같은 말은 그대로 받아들이기에는 많은 숨은 뜻이 담겨있다고 하는 구나.
　"어디서 많이 뵌 거 같아요."는 "친해지고 싶네요."
　"나중에 연락할게."는 "기다리지 마세요."
　"나, 갈께."는 "제발 잡아줘."
　"사람은 괜찮아."라는 말은 "다른 것은 별로야."
　"어제 필름이 끊겼나봐"는 "창피하니까 그 얘긴 꺼내지마."
　"왜 그게 궁금하세요?"는 "대답하고 싶지 않아요."
　"잘 지내고 있어?"는 "그립다."
　"좋아 보이네."는 "난 행복하지 않거든."

"뭐 하면서 지내?"는 "난 아무것도 할 수 없어."
"좋은 사람 만났니?"는 "난 너밖에 없더라."
"행복해라."는 "다시 돌아와 달라."
"가끔 내 생각나면 연락해."는 "영원히 기다릴 거야."(출처: 김주리, "아직도 그녀는 행복하다" 중에서)라는 숨은 뜻이 담겨 있다는 구나.

물론 이 말들이 전부 다 그런 의미가 담겨있는 것은 아니겠지만 상대에 따라서, 때에 따라서, 그렇게 느낄 수 도 있겠다는 생각은 든단다.

엄마도 상대방에게 직설적으로 하지 못하는 말을 위와 같은 말들로 돌려서 이야기 한 적이 많이 있기는 했었지. 이렇게 우리가 하는 말들은 예리한 칼이 되어, 상대방에게 마음의 상처를 낼 수 있기 때문에 돌려 말하는 것도 상대를 조금은 존중하며 배려하는 일이 될 것이라는 생각이 드는구나.

모쪼록 고운 말과 예쁜 말을 사용하는 습관을 가져서 본인도 기분 좋고 상대방도 배려하는 대화법을 습득하는 것이 좋겠다는 생각을 해본단다.

늘 아름답고 향기 나는 말만 사용하는 나의 아들이 되기를 기원하며……

2014년 11월 05일 수요일

사랑하는 엄마가

| 오늘의 주제 |

희망은 늙지도 사라지지도 않는다

얼음장 밑에서도 고기는 헤엄을 치고
눈보라 속에서도 매화는 꽃망울을 튼다.

절망 속에서도 삶의 끈기는 희망을 찾고
사막의 고통 속에서도 인간은 오아시스의 그늘을 찾는다.

눈 덮인 겨울의 밭고랑에서도 보리는 뿌리를 뻗고
마늘은 빙점에서도 그 매운맛 향기를 지닌다.

절망은 희망의 어머니 고통은 행복의 스승
시련 없이 성취는 오지 않고
단련 없이 명검은 날이 서지 않는다.

꿈꾸는 자여,
어둠 속에서 멀리 반짝이는 별빛을 따라
긴 고행 길 멈추지 말라.

인생항로
파도는 높고 폭풍우 몰아쳐 배는 흔들려도
한 고비 지나면 구름 뒤 태양은 다시 뜨고
고요한 뱃길 순항의 내일이 꼭 찾아온다.

이 시는 문병란 시인의 희망가라는 시란다. 이 시가 뜻하는 바는,

우리가 살아가면서 넘나드는 고난의 언덕길을, 영원히 늙지 않고 사라지지 않는 "희망"이라는 친구와 함께 동반한다면 뒤쳐지지 않고 힘든 언덕길을 결코 넘어서고야 만다는 것이겠지.

살다보면 삶이 무겁기도 하고, 외롭기도 하고, 힘들기도 하겠지만 그럴 때 마다 항상 청춘처럼 젊고, 소나무처럼 늘 푸른 희망이란 친구를 생각하면서 다시 한 번 굳건한 용기로 자신의 의지를 다짐한다면 더욱 큰 힘이 생성 될 것이라 여겨진다.

희망은 어둠속에서도 빛을 이루게 하고, 눈물을 미소로, 슬픔을 기쁨으로 승화시켜주는 요술쟁이 인거지.

항상 젊고 유능한 요술쟁이 친구가 늘 곁에 함께 머물기를 기원한다.

2014년 11월 06일 목요일
사랑하는 엄마가

| 오늘의 주제 |

아버지의 사랑의 농도

　우리 집엔 자정이 다 되어서야 들어오는 머슴 하나 있습니다. 그는 자기를 무척 닮은 아이들의 잠자리를 살펴주고는 지친 몸을 방바닥에 부립니다.

　아침, 그는
덜 깬 눈을 부비며 우리 형제를 학교라는 곳까지 데려다 주고 허름한 지갑 속에서 몇 장 안 되는 구겨진 종이돈을 살점처럼 떼어 줍니다. 그리곤 그는 일자리로 가서 개미처럼 밥알을 모으며 땀을 흘립니다.

　그러기를 20여년, 지칠 때도 되었는데, 이제는 힘 부칠 때도 되었는데 오늘도 그는 작은 체구에 축 처진 어깰 툭툭 털고는 우리에게 주름진 웃음을 보이지만,

머슴 생활 너무 힘겹고 서러울 때, 우리에게 이따금씩 들키는 눈물방울,
　　그 속에 파들파들 별처럼 떨고 있는 남은 가족의 눈망울들,
　　그 머슴을 우리는 아버지라 부릅니다. 아버지!

이글은 전북 신흥고등학교 2학년 김용욱 학생의 "아버지"라는 시란다.

공자가 "제 부모를 사랑하는 자는 감히 남을 미워하지 못하고, 제 부모를 공경하는 자는 감히 남을 업신여기지 못한다. 사랑하고 공경하는 마음을 제 부모에게 다하고 보면 덕스러운 가르침이 백성들에게까지 미쳐서 천하가 본받게 될 것이니, 이것은 천자로서의 효도이다."라고 말한 것을 이 학생은 이미 깨달은 것이 아닌가하는 생각이 든다.

이 글속에서의 아버지의 외모는 허름하고 보잘 것 없는 모습으로 보여지겠지만 가족을 위해서 개미처럼 일을 하고 땀을 흘리는 그 아버지의 짙은 사랑의 농도는 그 무엇과도 비교될 수 없는 것이지.

비록 권력을 휘두르고 명예가 드높은 부모가 아닐지라도 자식과 가족을 생각하는 사랑만큼은 어느 부모나 다 똑같다고 할 수 있단다.

효란 반드시 좋은 옷과 용돈을 챙겨드리는 일이 아니고,

지금 현재 처한 "자기본분을 다하고" "건강하게 몸을 지키고" "날마다 즐거운 감사를 드리며 살아가는 겸손한 자세"라 생각하니 날마다 겸손하게 살아가길 바란다.

2014년 11월 07일 금요일

사랑하는 엄마가

| 오늘의 주제 |

내가 먼저 존중하자

　조선중기 화가이며 시인이었던 백곡 김득신이라는 사람이 있었단다. 그는 어릴 때 천연두를 앓았던 병력으로 노둔하긴 했지만 유독 독서를 좋아해서 사마천의 사기 백이열전을 일억일만 삼천 번이나 읽어서, 그의 서재 이름을 억만재라고 지어 불렀다고 한다. 그는 이런 독서법을 통해서 59세라는 늦은 나이에 과거에 급제했으며, 당대를 대표하는 시인반열에 오르기도 했단다.

　독서 왕 김득신이 어느 날 말을 타고가면서 백이열전을 소리 내어 읊어대다가 갑자기 막혀버리자, 말고삐를 잡고 가던 하인이 막힌 부분을 대신 읊어 주었다는구나. 그동안 하인은 주인을 따라다니며 귀가 따갑도록 하도 많이 들어서 자동적으로 외웠던 것이겠지.

　그러한 하인에게 김득신은 "네가 나보다 똑똑하니 나대

신 말을 타고 가라"고 말하면서 하인을 말에 태우고 자신이 말고삐를 잡고 갔다는 이야기가 있단다.

이처럼 김득신은 책을 통하여 많은 지식을 얻기도 했지만, 자신을 스스로 내려놓고 상대방을 존중하고 인정할 줄 아는 겸손함과, 긍정하며 배려할 줄 아는 이타의 마음도 습득한 것으로 볼 수 있겠지.

남들이 하찮게 여기는 하인신분의 지식도 인정하여 상을 내리는 마음으로 하인을 말에 태우고 갔던 김득신의 배려와 겸손함은 요즘 우리들이 배워야 할 덕목이라 여겨진다.

작금의 일부 현대인들은 남을 존중하고 인정하는 데는 인색하고, 얕은 지식을 가지고도 우쭐대며 자신이 최고라는 생각으로 살아가는 것을 종종 볼 수가 있지. 이러한 현상을 예방하고 차단하려면 내가 먼저 남을 존중해주고 인정해주어야 한다는 생각을 해본다.

많은 사람들이,

상대가 잘난 척 좀 하면 받아주고, 자랑하면 맞장구도 쳐주며, 상대의 이야기를 존중하며 인정해주는 경청의 자세와, 푸근하고 너그러운 마음으로 상대를 감동시킬 줄 아는 슬기로움을 고양시켰으면 좋겠다는 생각을 하면서 엄마도 좀 더 많이 실천해보려고 다짐해 본단다.

이러한 실천은 아름다운 인간관계를 이루고 더 나아가

행복한 사회로 전이 될 것이라 여겨진다. 상대가 먼저 다가와 주기를 기다리지 말고 내가 먼저 다가서고 내가먼저 존중하고 다정하게 인정하는 아들의 모습을 그려본다.

2014년 11월 08일 토요일
사랑하는 엄마가

| 오늘의 주제 |

가장 좋은 나이

인생을 즐길 수 있는 가장 좋은 나이는 언제일까? 어느 텔레비전 프로그램에서 열 두 명의 방청객에게 이런 질문을 던졌다.

어린 소녀가 대답했다.
"두 달 된 아기 때요. 모두가 가까이에서 보살펴 주잖아요. 그리고 모두가 사랑해주고 관심도 보여주니까요."
고등학생은 "열여덟 살입니다."라고 대답했다.
고등학교도 졸업하고 자동차를 몰고 어디든지 자기가 가고 싶은 곳으로 달려가도 되니까요."
성인 남자가 대답했다.
"스물다섯 살이 제일 좋은 나이죠. 혈기 왕성한 나이니까요."
마흔 세 살인 그는 이제 야트막한 고개를 오를 때조차 숨이

가쁘다고 했다. 스물다섯 살 때는 한밤중까지 일을 해도 아무 이상이 없었지만 지금은 저녁 아홉시만 되면 잠이 쏟아진다고 덧붙였다.

어떤 이는 마흔이 인생이 정점이고 활기도 남아 있어 가장 좋은 때라고 했다. 어느 숙녀는 쉰다섯이 되면 자식을 부양하는 가사 책임감에서 해방 되어 좋은 나이라고 했다.

예순 다섯 살이 좋다는 남자는 그 나이에 직장에서 은퇴한 다음 인생을 편안하게 쉴 수 있다고 말했다. 이제 방청객 가운데 대답을 하지 않은 사람은 가장 나이가 많은 할머니 한 사람 뿐이었다.

그 할머니는 모든 사람들의 얘기를 주의 깊게 듣고는 환하게 웃으며 이렇게 말했다.

"모든 나이가 다 좋은 나이지요. 여러분은 지금 자기 나이가 주는 즐거움을 마음껏 즐기세요."

이글은 미국의 메다드 라즈(신부)가 쓴 "세상을 바꾸는 작은 관심"이라는 책에 소개된 글이란다.

엄마가 생각하는 "가장 좋은 나이"는 살아있는 순간순간이라 생각한다. 따라서 우리는 날마다, 날마다 가장 좋은 나이에 살아가고 있음을 소중하게 감사하게 여기며 유익하고 보람 있게 살아가도록 최선을 다하며 노력해야 된다고 생각한다. 날마다 "가장 좋은 나이"를 가진 것에 대하여 축복하며 그 축복이 기쁨의 기적이 되기를 소원한다.

2014년 11월 09일 일요일

사랑하는 엄마가

| 오늘의 주제 |

인생은 옛 이야기 주인공

타임머신이라는 책을 쓴 영국의 소설가 조지 웰스(Herbert George Wells)는 "오늘의 위기는 내일의 농담거리다"라는 말을 했단다. 이 말의 의미는 우리가 아무리 힘들고 어려운 일을 겪는다 해도 꽤나 많은 시간이 흘러가면 모두 다 "옛 이야기"가 되고 별일 아니라는 것을 느끼게 되며, 때론 그 위기가 기회로 변하는 동기가 될 수도 있다는 것이겠지.

당시에는 대단하게 여겨졌던 일들도 지나고 보면 별일이 아니었고, 전화위복이 된다는 것을 살아온 경험을 통해서 깨닫게 된다는 것이지.

이처럼 오늘의 일과가 우리에게 내일의 추억거리가 되기도 하며, 긴 여정의 지팡이라는 도구가 되기도 하고, 창조적인 소재를 만드는 재료가 되기도 한다는 것이겠지.

아무리 기쁘고 좋았던 날도, 아무리 슬프고 힘들었던 날도 모두 다 지나가고 옛이야기가 되어 다시 울게도 하고, 다시 웃게도 하는 히스토리가 되는 것이지.

그러니 지금 아무리 힘들고 어려운 고난의 시기에 부닥쳤다고 생각되는 일이 있더라도 좌절하지 말고, 용기 내어 굳건하게 잘 극복해야 하는 것은 당연한 일이 되는 거겠지.

우리의 삶들이 정말 대단한 것처럼 여기며 호들갑 떨며 살아들 가지만 지난 일을 회상해 보면 "정말로 별거 아니더라."라는 생각이 들 때가 참 많단다.

엊그제 우리 선배공무원들 다섯 분이 퇴임식 했는데 40년이라는 긴 세월이 창창한 줄 알았는데 벌써 자기들 차례가 왔다고 "인생 별거 아니네."라고 아쉬워하는 모습을 생각하니 마음이 허탈해지는 쓸쓸함이 들더구나.

이제 그분들은 집에서 옛이야기 하는 일이 더욱 빈번해지겠다는 생각을 하니, 날마다 좋은 소재로 좋은 이야깃거리를 만들어야겠다는 생각이 치닫고 그러한 생각은 마음까지 조급하게 만들고 있더구나.

우리 힘들고 어려운 일 생기거든 "세월이 흐르는 것처럼 모두 다 흘러가리. 그 세월 따라 모든 문제도 실타래처럼 술술 풀릴 거야. 그리고 모두 다 지나가겠지."라는 믿음과 기도로 극복하면 좋겠다는 생각을 해본다.
 오늘도 멋진 옛이야기 한편 만들어 내기를 기대하며…….

2014년 11월 10일 월요일
사랑하는 엄마가

| 오늘의 주제 |

보석 같은 땀방울 소유하기

"가장 만족스러웠던 날을 생각해보라, 그날은 아무것도 하지 않고 편히 쉬기만 한 날이 아니라, 할 일이 태산인데도 결국은 그것을 모두 해낸 날이다."라고 영국의 여성 수상이었던 마거릿 대처여사는 말했단다.

사람이 살면서 TV나 보고 날마다 늦잠이나 자면서 몸만 편하게, 게으르게 살았다면 별로 기억에 남는 일이 없을 것이라는 생각이 든다.

날마다 정신없이 바쁘게 움직이며 일을 한다면 인생의 경험도 풍부해지고 몸도 건강해지고 목표도 달성하는 등, 일석삼조를 거두는 행운을 얻게 될 것 이라 여겨진다.

이렇게 땀 흘린 뒤에 얻은 여가로 휴식을 취한다면 그 가치가 상당히 뛰어나겠지만 평소 편하게만 지낸 사람에게 여가를 주고 휴식을 취하라고 한다면 그 사람은 여가시간이 달콤하다는 생각을 하지 못하게 될 거라는 것은 자명한 사실이지.

　우리가 얻는 모든 것들은 땀을 흘린 대가라는 것을 생각한다면, 땀을 흘리지 않고는 그 어떤 것도 얻을 수가 없는 것은 진리인거지.

　날마다 아침이면 어김없이 찾아와주는 산뜻하고 경건한 금빛 기름진 햇살, 언제나 초록을 품고 싱싱한 새벽을 여는 싱그러운 바람, 자연이 이렇게 자신의 일과를 게을리 하지 않고 유구한 역사를 차곡차곡 쌓아가는 것을 보면 정말로 존경스럽고 신비롭기도 하지.

　우리도 자연처럼 우리가 움직일 수 있다는 것, 땀 흘릴 수 있다는 것에 감사를 드리며 날마다 흘릴 땀을 위해 땀방울을 많이많이 모았으면 좋겠다는 생각을 해본다.

　그 땀방울은 결코 주인을 배신하지 않고, 만면에 미소가 득, 행복가득, 꼭꼭 눌러 특혜를 줄 것이라는 믿음을 가져보는 것도 괜찮겠지?

　날마다 아들의 땀방울이 다이몬드처럼 반짝 반짝 빛나기를 기대하며,

2014년 11월 11일 화요일

사랑하는 엄마가

| 오늘의 주제 |

소통

소통

가향 이영숙

나의 금고 속에
나를 꼭꼭 가두었다.

남들이
내게 다가와
꼭꼭 잠긴 금고문을
열어주고 싶어도
열어줄 수가 없었다.

그 금고의 열쇠는

나만이 가지고
있었기 때문이다.

나의 금고 속에
나를 꼭꼭 가두었다.

남들이 내게 다가와
꼭꼭 잠긴 금고문을
열어주었다.

나는 나만의 금고 열쇠를
남들과 공유했기 때문에
자유를 찾을 수 있었다.

 엄마의 짧은 시를 읽고 소통이 무엇인지에 대하여 생각해보면 좋겠구나.
 사람은 누구나 남들과 함께 살아갈 수밖에 없는 필연적인 운명을 지녔지. 그래서 공동체라는 한우리 안에서 살아가게 되는데, 남들과 소통 없이 독불 장군으로 사는 것은 화합을 단절하고 자유를 속박하는 일이 되겠지.
 공동체 속에서 남들과 소통하며 산다는 것은 참으로 중요한 부분인 것 같아서 써본 시란다. 생각을 공유하고 뜻

깊은 마음을 공감하며 살아가는 문화는 평화와 자유로움이 범람할 것이라 여겨진다. 항상 상대방에게 마음을 오픈하고 긍정적인 소통으로 즐거운 자유 누리는 축복을 기원한다.

2014년 11월 12일 수요일

사랑하는 엄마가

| 오늘의 주제 |

이런 사람

아리스토텔레스는

지혜로운 사람은,
걱정과 근심이 있을 때도 나약해지기보다는 자기 마음을 잘 다스릴 줄 알며 남다른 뛰어난 능력으로 모든 일을 잘 이겨나가는 사람이고,

베풀 줄 아는 사람은,
모든 사람을 소중히 여기며 작은 것에서부터 진정한 사랑을 나눌 줄 아는 바라만 보아도 마음이 포근해지는 따뜻한 사랑이 있는 사람이고,

칭찬 받을 만한 사람은,
억울한 일로 참을 수 없는 순간에도 감정을 억제하며 깊은 인내심을 갖고 끝까지 참고 기다릴 줄 아는 잔잔한 감동

을 주는 마음이 넓고 부드러운 사람이고,

믿음이 있는 사람은,

남의 허물과 단점이 보일 때도 쉽게 드러내기보다 넓은 가슴으로 감싸 안으며 그 영혼이 잘 될 수 있도록 끊임없이 겸손한 마음으로 무릎 꿇고 두 손 모아 기도해 주는 사람입니다.

"행복한 생활은 덕에 의한 경우가 많습니다. 덕을 실천하는 사람, 덕을 생활 속에 베푸는 사람, 그런 사람에게 행복이 따릅니다. 행복 하고 싶거든 덕에 의한 생활을 하세요." (출처: 명언글)라고 말했단다.

항상 덕을 소유하고 실천하며 생활화한다는 것은 사회생활에 윤활유가 될 것이라 여겨진다. 김밥에 참기름을 발라 놓으면 반짝거리는 것이 보기도 좋고 향기도 좋고 먹음직스러운 것처럼 말이다. 우리가 소유한 덕이 참기름처럼 반짝반짝 빛나고 고소한 행복이 된다는 것을 염두에 두고 많은 덕을 쌓기 바라며 덕으로 무장된 자신을 만들기 위해 더욱 노력했으면 좋겠다는 생각을 가져본다.

2014년 11월 13일 목요일

사랑하는 엄마가

| 오늘의 주제 |

올바른 신념

정신과 의사이자 심리상담가이며 작가인 미국의 고든 리빙스턴의 『너무 일찍 나이 들어버린 너무 늦게 깨달아버린』 (Too Soon Old Too Late Smart) 책에서,

> "자신의 생각이나 신념을 밝히는 일은 다른 사람들과 함께 살아가기 위해서 꼭 필요한 일입니다. 그러나 내 신념을 다른 사람들에게 강요하는 것은 옳지 않습니다.
> 만약 가까이 지내던 사람들과의 관계가 소원해졌다면 자신도 모르게 상대에게 뭔가를 강요하는 버릇이 있지 않은지 생각해봐야 합니다.
> 남의 의견을 받아들이지 않고 자기주장이 지나치게 강한 사람을 옆에 두려고 하지 않는 것은, 자신의 신념과 생각이 상대로 부터 비평받고 함부로 평가 되는 데서 오는 불쾌감 때문입니다.

내 생각만이 최고이고 진리라는 독선과 아집은 서로를 피곤하게 할뿐입니다.
똑같은 문제를 보더라도 판단은 각자 다를 수 있습니다. 다르다는 것은 틀린 것이 아닙니다.
나와 다른 생각에 대한 이해와 포용, 그리고 존중하는 마음은 의사소통을 위한 기본 예의입니다.
따라서 서로가 다르다는 것을 인정할 때 비로소 우리의 관계는 더욱 깊어지고 넓어질 수 있을 것입니다."
라고 했다.

이 말은 자신과 상대와의 관계에서 신중한 판단과 행동을 점검하는 좋은 이야기라 생각한다. 더불어 인간관계를 원만하게 할 수 있는 하나의 좋은 방법이라 여겨진다. 어느 조직이든 의견을 하나로 모으는 데는 참으로 쉬운 일이라 할 수 없지. 그래서 자신과 다른 의견을 가진 사람을 배척하거나 자신의 의견만을 고집하는 것은 조직을 와해시키고 분열시키는 일이 되기 때문에 다른 사람의 의견을 존중하는 습관은 참으로 중요한 부분이라 할 수 있지. 남을 존중하는 마음이 곧 자신을 존중하는 것으로 볼 수 있는 것은 사람들이 자신을 존중해주는 사람을 존중하게 되는 것은 진리라 볼 수 있기 때문이 아닐까 생각해본다. 남들에게 칭송받는 사람은 항상 먼저 베풀고 먼저 존중하고 먼저 상대를 인

정하는 사람이라는 것을 명심하여 생활한다면 날마다 즐거운 시간을 누릴 수 있을 것이라는 생각이 든다.

2014년 11월 14일 금요일
사랑하는 엄마가

| 오늘의 주제 |

사랑을 누리며 살자

"딸아, 너도 사랑을 누려라."
엄마가 쓰러지기 전에 하신 이 말씀이 유언이 될 줄 몰랐다.
누구든 언제 사라질지 모르니 사랑을 누려라.
일만 하지 말고, 열애의 심장을 가져라.
누구나 마음속엔 심리 치료사가 있단다.
심리 치료사가 바로 사랑이다.
많은 것을 낫게 하고 견디게 하고
흩날리고 사라지는 삶을 위로하고 치료한다.

딸아, 너도 사랑을 누려라.
사랑 안에서 고양이 같은 민감한 지혜를 배우고,
타인을 위해 나 자신 내려놓는 법을 익히고 즐거워하라.
웃음 샴페인을 터뜨리고 인생 신비의 동굴을 찾아

눈, 비, 빛과 바람… 셀 수 없이 많은 축복을 누려라.
살아 있는 최고의 희열감에 젖고, 그 느낌을 메모 하렴.
메모라도 안하면 그날은 없다 아무것도 없다.

인생의 회전목마는
성공과 명성의 기둥을 도는듯하지만 수천만 원 지폐나
명품이 아니라 만지고 보여 진 즐거움만이 아니라
사람은 사랑으로 강해지고 사랑의 능력 속에서 커 간다.
혼자 살 수 없는 우리는 사랑으로 특별한 사람이 된다.

바다가 배를 만나 너울거리듯
사내와 여인이 만나 아이를 낳고
폐허를 다시 세워 사람을 부르고
마음이 마음에게 전하는
영혼이 영혼에게 전하는
따뜻한 배려의 말로 힘겨운 나날을 견디는 인생
함께 있는 장소를 가장 아름다운 장소로 만들고
함께 있어 가장 평온한 들판이 되어 주리라.

이 세상에 당연한 건 하나도 없고
같은 순간은 다시 돌아오지 않는단다.
다시 못 만날 때를 생각하며 사랑해라.
영영 다시 못 만날 때가오니 깊이 사랑해라.

"딸아, 너도 사랑을 누려라."

-신현림 4시집 『침대를 타고 달렸어』에서 발췌

 이 시의 내용처럼 열심히 일하고, 열심히 살면서 사랑으로 마음을 다지고, 사랑으로 상처를 치유하고. 사랑으로 지혜를 배우고, 사랑으로 행복을 누리며 살아가야 하는 것은, 한번 밖에 기회가 없는 우리의 삶을 최대한 후회 없도록 하는 일이 되기 때문인 거겠지.

 사람의 수명은 결코 길지 않단다. 백년을, 천년을 산다 해도 남는 건 아쉬움뿐 인거지. 그래서 그 아쉬움을 조금이라도 덜 가지려면 사랑을 누리면서 행복하게 살아야하는 것은 당연한 것이겠지.

 오늘도 사랑이 범람하는 기적의 시간 누리길 기도한다.

2014년 11월 15일 토요일

사랑하는 엄마가

제2부

희망 스위치

| 오늘의 주제 |

희망 스위치

최윤희의 『유쾌한 행복사전』에 이런 글이 있단다.

"컴컴한 방이 있다.
거의 죽어 있는 방이다.

그런데 누군가 스위치 하나만 찰칵! 올려준다면
그 방은 거짓말처럼 살아난다. 환하게 빛난다.

사람의 가슴도 똑같다.
살다보면 우리를 찾아오는 무수한 절망들,
포기하고 싶은 순간들…
바로 그 순간 빨리 '희망의 스위치'를 올리자. 찰칵!"

맞다.
우리가 살아가면서 힘이 들고 어려울 때, 또 다시 용기를 주고 일어서게 하는 강한 힘의 메시지라는 생각이 드는구나.

많은 사람들이 가끔은 어디론가 멀리 떠나버리고 싶고, 단절하고 싶고, 온 세상 불이 모두 꺼져버린 것 같은 절망감이 들 때, 컴컴한 방에 전등 스위치를 올려주듯, 나도 누군가에게 용기와 희망의 스위치를 톡하고 올려 주는 천사가 되어 보길 소망해 본다.

네가 힘이 들 때 나는 너의 희망스위치가 될 것이고, 내가 힘이 들 때 너는 나의 희망스위치가 되어주는 것이다. 우리는 모두 희망스위치 인거지.

누군가 어둠에 갇혀 발버둥 칠 때, 힘이 들어 포기하고 싶어 할 때, 얼른, 얼른 달려가서 희망스위치를 톡하고 올려주어 찬란한 희망의 빛이 되어보자.

무거운 삶의 지게에, 절망과 어둠의 그늘에 희망스위치 하나씩 달아놓고 어둠을 살라먹고 절망을 분해해보자. 찰칵! 찰칵!

2014년 11월 16일 일요일

사랑하는 엄마가

| 오늘의 주제 |

건강과 가족은 언제나 1순위

    명예, 지위, 돈, 어느 것 하나 빠지지 않고 대단한 성공을 거둔 사람이 대학생들을 대상으로 강의를 한다고 하자, 많은 대학생과 기자들이 그의 강의를 듣기 위해 몰려들었다. 그는 평소에 강의나 인터뷰를 하지 않는 것으로 유명했기 때문에 그 기회를 놓칠 수가 없었던 것이다. 사람들은 그의 강의를 듣기 위해 귀를 쫑긋 세우고 있었다.

    그는 등장하자마자 칠판에 "1,000억!"이라고 써놓은 후, "저의 재산이 아마 천억은 훨씬 넘을 것입니다. 여러분, 이런 제가 부럽습니까?"
라고 수강자들에게 물었다.

    "네!"라고 대답하는 소리가 여기저기서 들려왔다. 이 대답을 들은 강사는 웃으며 강의를 시작했다.

    "지금부터 이런 성공을 거두려면 어떻게 해야 하는지에

대한 강의를 시작 하겠습니다."라고 말했다.

"자~ 1,000억 중에 첫 번째 0은 바로 명예입니다. 그리고 두 번째 0은 지위입니다. 세 번째 0은 돈입니다. 이것들은 인생에서 필요한 것들입니다."

라고 말하자, 사람들은 고개를 끄덕였다.

"자~ 그럼 앞에 있는 '1'에 대해서 설명하겠습니다.

'1'은 건강과 가족입니다.

여러분! 만일 '1'을 지우면 1,000億이 어떻게 되나요?

바로 0원이 되어버립니다. 그렇습니다.

인생에서 명예, 지위, 돈도 중요하지만 아무리 그것을 많이 가지고 있다 하더라도 건강과 가족이 없다면 바로 실패한 인생이 되어 버리는 것입니다."(출처: 좋은글, "1000억 짜리 강의")

라고 말하자, 사람들은 그제야 진정한 성공의 의미를 알겠다는 듯 고개를 끄덕였다고 한다.

사람이 살다보면 돈, 명예, 지위가 상당히 중요한 부분이지만 그중에 제일이 건강과 가족이라는 것을 일깨워 주는 강의내용이었지.

건강하지 못하고 사랑하는 가족이 없다면 돈이 아무리 많아도 쓰는 즐거움도 누리지 못하고, 명예와 지위가 있어도 행복하지 않다는 것이겠지.

이렇게 건강과 가족의 중요성을 생각하며 자신의 건강을 돌보는데 게을리 하지 말고 가족을 생각하고 사랑하는 마음을 굳게 다져나간다면 진정한 행복을 찾는 길이 어렵지 않을 것이라 생각한다.

2014년 11월 17일 월요일
사랑하는 엄마가

| 오늘의 주제 |

말은 인격이다

....

　옛날 시골장터에서 박씨 성을 가진 나이 지긋한 백정이 고기를 팔고 있었다. 어느 날 양반의 지위를 가진 젊은 두 사람이 고기를 사러 왔다.

　양반 한사람이 백정에게 "어이 백정! 고기 한 근만 다오."라고 말하니 백정이 "예, 그러지요." 하면서 솜씨 좋게 고기를 칼로 썩 베어 내어 주었다.

　또 다른 한 양반은 상대가 비록 천한 백정이긴 하나 나이 지긋한 사람에게 함부로 말하기가 민망하여서 "박 서방 고기 한 근 주시게."라고 말하자, 백정이 "예, 고맙습니다." 하면서 역시 솜씨 좋게 고기를 잘라 주는데 먼저 양반의 고기보다 훨씬 많았다.

　그때 먼저 고기를 산 양반이 소리쳐 따졌다. "이놈아 같은 한 근인데 어째서 이 양반 것은 나 보다 배나 많으냐?"

그러자 그 나이 지긋한 백정은 "예~에, 그야 손님 고기는 백정이 자른 것이고, 이 어른 고기는 박 서방이 자른 것이니까 그렇지요."라고 대답했단다.(출처: 좋은글, "백정과 백서방")

우리의 옛말에 "말이 고마우면 비지 사러 갔다 두부 사온다." "가는 말이 고와야 오는 말이 곱다." "말 한마디에 천 냥 빚도 갚는다." "말만 잘하면 자다가도 떡이 생긴다."는 등등, 말에 대한 속담이 많은 것은 그 만큼 말이 중요하다는 것을 뜻하는 것이겠지.

말이라는 것은 나의 뜻과 생각을 상대에게 전하여 소통하는 하나의 도구로 볼 수 있는데, 이렇게 중요한 역할을 하고 있는 "말"을 함부로 해서 자신의 면(얼굴)을 더럽히고 인격을 저하시키고, 또한 손해를 보기도 한다는 것이지. 기왕에 하는 말 예쁘고 품위 있게, 상대가 듣기 좋게 말하는 습관을 가진 다면 자신이 더욱 돋보일 수도 있고, 아름다운 사람으로 거듭날 수 있겠지.

누구나 좋은 인상을 갖고 싶어 하고, 누구에게나 좋은 이미지를 남기고 싶어 하는데 그것은 말만 잘하면 모두 이룰 수 있는 것들이라 생각한다.

입에서 한번 새어나간 말은 다시 돌아오지 않는다는 것

을 명심하여 말하기 전 3초라도 생각하는 습관과, 신중하게 말하는 습관을 가진다면 남들이 존경 하는 인격을 갖추게 될 것이라고 엄마는 생각한다. "말은 인격이다. 곧 나를 대표한다."는 생각을 가지고 오늘도 예쁜 말 선별에 박차를 가하길 바란다.

2014년 11월 18일 화요일

사랑하는 엄마가

| 오늘의 주제 |

메모하는 습관을 갖자

"하루하루가 거의 똑같은 일의 연속이다. 나는 간단한 일기 비슷한 것을 쓰고 있는데, 이삼일 깜빡 잊고 안 쓰다보면, 어느 날이, 어느 날 인지 구별할 수가 없다.
때로는 이게 무슨 인생인가, 하고 생각한다. 그렇다고 허망함을 느낀다는 것은 아니다. 나는 그저 놀랄 뿐이다. 어제와 엊그제를 구별할 수 없다는 사실에, 내가 새긴 발자취가 그것을 확인할 틈도 없이, 눈 깜빡할 사이에 바람에 날려 어디론가 사라지고 만다는 사실에."…

이 글은 일본의 작가 무라카미 하루키가 쓴 "잠"이라는 책에 나온 글이란다.

하루키는 다람쥐쳇바퀴 돌듯 똑같은 일상에 대하여 메모하지 않으면 우리가 무엇을 하고 살았는지, 우리의 삶이 정말 유익한 것인지 알 수 없다는 뜻으로 이러한 글을 쓰지 않았나 생각해 본다.

우리 주변에서도 볼 수 있듯이 많은 사람들이 날마다 새로운 환경에 접하거나, 날마다 새로운 일을 한다거나, 날마다 새로운 사람을 만나며 사는 사람은 거의 없다고 볼 수 있지.

따라서 직업에 의하여, 환경에 의하여, 거의 매일 똑같은 일을 하며 생활하고 있는 것이 사실이지. 이렇게 날마다 똑같은 일상이라도 하루의 일상을 다시 들여다보고 메모를 해둔다면 그 시간을 영원히 꼭꼭 묶어둘 수 있는 거겠지.

그 일상 속에는 행복했던 기억도 있을 것이고 마음 아팠던 기억도 있었을 것이고 즐겁고 기뻤던 일도 있었겠지. 어느 무료한 날, 그 메모를 펼쳐보며 웃기도 하고, 새로운 다짐도 할 수 있는 동기도 부여 받을 수 있을 것이야. 또한 메모를 통하여 반성하는 기회도 가질 수 있고, 미숙했던 생각을 성장 시킬 수 있는 아이디어도 발굴해 내는 좋은 시간을 누릴 수 있을 것이라 여겨진다.

날마다 부여받는 귀중하고 기적 같은 시간, 감사하는 마음과 메모하는 습관으로 생활의 리듬을 부추겨 본다면 우리의 삶이 더욱 유쾌, 상쾌, 통쾌하지 않을까?

2014년 11월 19일 수요일

사랑하는 엄마가

| 오늘의 주제 |

우리는 모두 소중한 존재인거지

우리는 누군가에게 소중한 사람입니다

카렌 케이시

누군가가 우리에게
고개를 한 번 끄덕여주는 것만으로도
우리는 미소 지을 수 있고

또 언젠가 실패했던 일에
다시 도전해볼 수도 있는 용기를 얻게 되듯이

소중한 누군가가
우리 마음 한구석에 자리 잡고 있을 때

우리는 그 어느 때보다 밝게 빛나며 활기를 띠고
자신의 일을 쉽게 성취해나갈 수 있습니다.

우리는 누구나 소중한 사람을 필요로 합니다.

또한 우리들 스스로도
우리가 같은 길을 가고 있는
소중한 사람이라는 걸 잊어서는 안 되겠지요.

우리가 누군가에게
소중한 사람이라는 걸 알고 있을 때
어떤 일에서든 두려움을 극복해낼 수 있듯이

어느 날 갑작스레 찾아든 외로움
우리가 누군가의 사랑을 느낄 때 사라지게 됩니다.

　위의 시처럼 우리 모두는 누군가의 소중한 사람이란다. 이 세상에서 그 누구도 소중하지 않은 사람이 한명도 없다는 거지. 또한 우리의 삶을 풍요롭게 해주는 자연의 식물도, 빛과 어둠도, 구름과 바람과 비도, 우주의 그 어느 것 하나 우리가 살아가는 곳에서 소중하지 않은 것이 없는 거지.
　따라서 내가 누군가에게 또는 자연에게, 누군가가 나에

게 또는 자연에게 소중함을 깨닫게 하고 자극시켜 주는 것은 아주 중요한 일이 되겠지. 자신의 존재가 그 누구보다도 소중하다는 것을 믿어 의심치 말고 항상 자신감을 가지고 살아가는 것은 가장 현명한 방법이 되겠지.

2014년 11월 20 목요일

사랑하는 엄마가

| 오늘의 주제 |

누군가 나를 눈여겨보고 있다

어느 취업준비생이 바늘구멍보다도 더 좁은 취업의 문턱에서 취직시험을 보러 갔단다. 마음속에는 "이번에는 시험에 붙을까?, 아니면 또 떨어질까? 불안함과 초조함이 뒤섞여 있었겠지."

그런 불안한 마음으로 시험을 치르려니 시험시간이 얼마나 중요하다 여겼겠어.

정해진 시간에 맞추어 답안지를 작성해야 하는데 시계가 뒷벽에 걸려 있어서 시간을 볼 수 없게 된 취업준비생은 시험 감독관에게 "시계를 앞 벽에 걸어도 되겠느냐." 묻고 허락을 받아 시계를 앞 벽 정면에 걸어 놓고 시험을 보았단다.

그 취업준비생은 시험을 다 치르고 나서 그 시계를 다시 뒷벽의 제자리에 걸어놓고 왔단다.

그 취업준비생은 그다지 좋은 성적이 나오지 않았지만

그 회사에 취직을 했단다. 이유는 그 사람의 예의바른 태도와 행동을 유심히 지켜본 시험 감독관의 추천이었단다.

우리나라 속담에 "화장실 갈 때 다르고 나올 때 다르다"는 말이 있지. 이러한 속담처럼 대부분의 사람들은 앞서 언급했던 일처럼 자기가 필요할 때는 행하지만 그 뒷일은 별로 신경을 쓰지 않는데, 그 취업준비생은 자기가 행한 일에 대하여 끝까지 마무리를 하고 가는 것을 시험 감독관은 상당히 좋게 보았던 거지.

"이런 사람은 반드시 의무와 책임을 다할 것이야."라고 판단한 거겠지.

이처럼 우리들의 행동에 대하여 누군가 눈여겨보고 있다는 것을 생각하면 결코 함부로 행동하지 못하겠지. 누가 보든 안보든 항상 책임 있는 행동을 행하고 올바른 태도를 가지는 습관을 가진다면 자신에게 많은 도움이 될 것이라 여겨진다.

그리고 "무심코 던진 돌에 개구리는 맞아 아프다"는 옛말처럼 무심코 던진 말 한마디, 별 뜻 없는 행동들이 상대에게 상처가 될 수 있다는 것을 생각해 볼 때, 우리의 말이나 행동이 상당히 중요한 거겠지.

우리의 일거수일투족을 누군가 항상 바라보고 있다는 것을 염두에 두지 않더라도 좋은 인격 소유자의 기본이라 볼 수 있는 올바른 태도와 정당한 행동이 늘 습관화되어지길 노력했으면 좋겠다는 생각을 가져본다.

2014년 11월 21일 금요일

사랑하는 엄마가

| 오늘의 주제 |

나는 행복한 사람이다

오늘도 변함없이 눈을 뜨고 사랑하는 가족들을 볼 수 있음에, 나를 위해서, 그 누군가를 위해서 일할 수 있는 일터가 있다는 것에, 추운 날 추위를 피해 돌아갈 따뜻한 집이 있다는 것에, 더운 날 더위를 식혀줄 시원한 물과 바람이 있다는 것에, 배고플 때 먹을 것이 있다는 것에, 갈증이 날 때 마실 음료가 있다는 것에 나는 정말 행복한 사람이다.

긴 거리를 걸어야 할 때 편리하게 이용할 수 있는 자동차가 있다는 것에, 지혜가 부족할 때 읽어야 할 책들이 있다는 것에, 인생의 경험이 부족할 때 볼 수 있는 좋은 영화와 드라마가 있다는 것에, 삶의 의욕을 잃어갈 때 열정을 촉구해주는 스포츠가 있다는 것에, 마음이 건조하고 괴로울 때 들을 수 있는 음악이 있다는 것에, 외롭고 쓸쓸할 때 동반해줄 친구와 동료가 있다는 것에, 어떠한 일을 결정할 때 도움이 되어줄 수 있는 부모와 가족, 스승 그리고 정겨운 이웃이 있다는 것에 나는 정말 행복한 사람이다.

  봄에 피는 벚꽃, 진달래, 산수유, 들판의 개나리, 여름에 메타세쾨이어 숲 사이로 비치는 찬란한 햇살, 푸른 바다의 노래 소리, 가을에 노란국화, 울긋불긋 단풍들과 풍요로운 오곡백과, 겨울에 먼 산의 설경, 거리의 군고구마 향기, 구세군 종소리 이 아름다운 세상의 풍경을 볼 수 있어 나는 정말 행복한 사람이다.

  남의 입장에 서서 생각하는 역지사지, 남의 기쁨과 영예를 내 것처럼 기뻐해주는 다정다감, 남의 슬픔을 함께 아파하는 측은지심, 남에게 입은 은혜를 깊이깊이 감사하며 잊지 않는 각골난망, 매사에 일어나는 일들을 감사하게 여기는 감지덕지 나는 정말, 정말 행복한 사람이다.

2014년 11월 25일 화요일
사랑하는 엄마가

|오늘의 주제|

여유

내 아가들아~~~ 사는 것이 많이많이 힘들지 않니?

내 딸은 남편 뒷바라지 아이 뒷바라지하며 어른이 되어가는 결혼생활과 직장생활을 병행하면서 많이 힘이 들것이고, 내 아들은 군복무하면서 진짜사나이가 되어가는 과정이 많이 힘이 들 것이야.

그럴 땐 잠시 아무 생각 말고 머리를 식혀보렴.

내 딸은 식탁에 촛불하나 근사하게 밝혀놓고 아로마 향기가 흐르는 좋은 음악하나 들어가며 우아하게 앉아 명상 한번 해보고,

내 아들은 여가시간에 가족과 친구들과의 좋은 추억도 회상해보고 좋은 책을 읽어보면서 어려움을 극복해 보는 것도 괜찮지 않을까 생각해본다.

부모 슬하에 있을 때는 살아가는 어려움이 덜하겠지만

어른이 되어간다는 것은 이제 혼자만의 길을 스스로 걸어야 하기 때문에 삶의 무게가 더욱 더 무거워지고 어려워지는 것은 당연한 것이란다.

삶이 "무겁다고", "어렵다고" 불평하기 보다는 무거운 삶을 더욱 가볍게, 어려운 삶을 더욱 쉽게 살아갈 수 있는 방법을 모색하고 노력하며 살다보면 그 과정들이 비록 고통스럽더라도 지나고 보면 그 순간들이 "행복이었구나."라는 것을 느낄 수 있단다.

이처럼 지나간 순간들이 행복이었다고 느낄 수 있도록 도와주는 것은 "여유"란다. 그래서 힘이 들 때는 반드시 쉬어가야 한단다.

무작정 아무 계획 없이 여행을 떠나기도 해보고, 자신을 위해서 최고의 식당에 가서 맛있는 음식도 먹어보고, 사고 싶은 물건도 사고, 자신에게 고생했다고 스스로 토닥여주면서 자신에게 선물을 해주는 것도 한 방법이란다. 이러한 여유를 시의적절하게 써보는 것이 인생을 맛있게 멋있게 사는 방법이 아닐까 생각해 본다.

부디 나의 아가들이 멋지고 아름답게 행복한 인생을 살아가길 엄마는 노심초사 기원하고 또 기원한단다.

엄마의 애틋한 기도가 나의 아가들에게 늘 전해지기를 바라며 나의 아가들이 "살아있다는 것은 최고의 행복"이라는 것을 염두에 두고 항상 감사하는 마음으로 살아갔으면 좋겠다고 엄마는 소망한단다.

2014년 12월 10일 수요일

사랑하는 엄마가

| 오늘의 주제 |

선택과 결정은 신중하게

한번 엎질러진 물은 다시 주워 담을 수 없다는 말이 있지. 이 말을 고사성어로 복수불반분覆水不返盆이라고 하지. 이 말의 진정한 뜻은 어떠한 일을 선택하거나 결정했을 때 절대로 번복할 수 없고 돌이킬 수 없다는 것이리라. 즉, 삶에 있어서 신중하게 행동하고 결정하라는 심오한 교훈이 담겨 있는 거지. 이 말이 유래된 것은 그 유명한 강태공의 이야기로부터 시작되었다는 설이 있단다. 그 이야기의 발단은 이렇단다.

유교역사가들이 성군이라 칭송하는 주나라 문왕이 어느 날 사냥을 나갔다가 위수 근처에서 낚시를 하고 있는 한 노인을 만나게 되었단다. 그 노인의 외모는 차림도 남루하고 보잘 것 없어 보였단다. 그러한 노인과 문왕은 세상 돌아가는 이야기를 나누게 되었는데, 그 노인이 세상 돌아가는 이치를 꿰고 있는 것을 발견하고 그의 탁월한 식견에 왕은 감탄하게 되었단다. 이 노인이 바로 그 유명한 강태공이란 분이었지.

그로부터 문왕은 그 노인을 스승으로 모시고 아버지 태공이 바라던 주나라를 일으켜 줄만한 인물이라는 뜻에서 그 노인을 태공망이라고 부르며 높은 지위를 주었다고 한다. 그 강태공의 본명은 여상이었다. 여상은 문왕을 만나기 전까지는 끼니를 제대로 잇지 못할 만큼 궁색한 생활을 하면서도 책만 끼고 살았고, 가정생활을 전혀 돌보지 않는 사람이었지. 그러한 그의 곁에 마씨 성을 가진 아내가 있었는데 그 아내는 굶주림과 가난을 견디지 못하고 여상 곁을 떠나고 말았단다.

이렇게 남편 여상 곁을 떠난 마씨 여인에게도 여상이 문왕을 만나 부귀공명을 이루었다는 소식이 전해지게 되었지.

그러한 소식을 전해들은 마씨는 여상을 찾아가서,

"예전에는 굶주림을 견디지 못해 떠났지만, 이제는 그런 걱정을 안 해도 될 것 같아서 돌아왔으니 다시 받아줄 것을 부탁했다. 그러자 여상은 물 한바가지를 마씨에게 주면서 물을 쏟아버리라고 하였다. 마씨는 어리둥절하면서 바가지의 물을 쏟았다. 여상은 마씨에게 쏟아진 물을 다시 그릇에 담으면 마씨를 받아주겠다고 했다. 마씨는 당황해 하며 물을 그릇에 담아보려 애썼지만, 쏟아진 물은 이미 땅 속으로 스며들어가 담을 수가 없었다. 이를 본 여상은 차가운 표정으로 '한 번 엎지른 물은 다시 그릇에 담을 수 없소. 한 번 떠난 아내는 돌아 올 수 없소.'라면서 마씨를 받아주지 않았다고 한다. 그러자 마씨는 '내가 남편을 잘 골랐건만 내 복을 내 스스로 차 버렸으니 이렇게 박복한 팔자가 또 어디 있을까'라며 한탄하다 죽음을 맞이하고 말았다"는 안타까운 전설과 같은 사연이 고사성어가 되어 전해 내려오고 있는 것이란다.

이러한 고담은 우리들에게 선택과 결정에 대한 신중함과, 선택과 결정에 대한 결과를 인내하며 받아들여야 한다는 것을 교훈하는 거지.

따라서 우리가 살아감에 있어 어떠한 선택과 결정을 내릴 때는 다각도로 생각하고 신중하게, 또 신중하라는 것이지. 아무리 사소한 선택도 덤벙대지 않고 신중히 하는 습관을 가진다면 후회하는 일을 최소화 할 수 있다는 생각을 해본다.

2014년 12월 11일 목요일

사랑하는 엄마가

| 오늘의 명언 |

인간은 자기가 생각하고 있는 것과 같은 인간이 된다

-힌두교 경전-

나는 무엇이 되고 싶은가? 깊이 있는 생각을 해보라.
진정 무엇이 되고 싶은가? 심도 있게 고민해보라.
그 무엇이 되고 싶은 갈망이 절실하다면 반드시 이루고야 마는 것을 종종 볼 수 있단다.

너무 거창한 생각이 아니어도 좋단다.
그냥 일상에서 이루고 싶은 것을 목표해 놓고 생각하면서, 그 생각에 미치도록 행동을 하면 되는 거겠지.

생각이란 생각에서 머무르지 않고 행동으로 실천할 때, 생각한 대로 되는 인간이 되는 거지.
생각을 했다는 것은 실천으로 행동하기 위한 준비를 마친 것으로 볼 수 있기 때문이란다.

마치 마라톤을 하기 위해 땅에 줄쳐진 금줄 앞에서 출발의 총성을 기다리는 것처럼······.

오늘도 생각으로 준비하고 그것을 행동하는 멋진 시간 이루기를 소망한다.

2015년 01월 14일 수요일

사랑하는 엄마가

| 오늘의 명언 |

행운은 마음의 준비가 있는 사람에게만 미소를 짓는다

-파스퇴르-

행운이란 단어는 모든 사람들이 듣기 좋아하는 말이지. 또한 자신에게 꼭 찾아 와주기를 바라는 간절한 소망에 속하는 가슴 설레는 말이기도 하단다.

그러나 이 행운을 얻기 위해서는 그 아무것도 노력하지 않으면 찾아오지 않는 다는 것을 알아야 한단다.

감나무 밑에서 아무리 입을 크게 벌리고 있더라도 그 감이 입으로 적중하여 떨어지지 않는 것처럼 말이다.

우리가 감을 얻기 위해서는 감이 익을 때 까지 기다려야 하는 기다림을 인내 하여야 하고, 감이 익은 후에는 그 감을 따기 위해서 나무에 올라가야 하지.

이처럼 우리는 그 어떤 것을 얻는 다는 것에서 반드시 공짜가 없다는 것을 알아야 한단다. 구슬땀과 노력 없이는 그 아무것도 얻을 수 없다는 진리는 '행운'도 '기회'도 준비된 사람만이 얻을 수 있다는 것을 강하게 어필한다고 볼 수 있단다.

이와 마찬가지로 "나는 왜 운이 없을까?, 나는 왜 이 일이 안 되는 거지?"라고 불평하지 말고, 그동안 행운을 얻기 위한 노력을 얼마나 했는지 반성 해보고 항상 준비된 자세로 생활한다면 즐거움이 범벅된 행운을 반드시 얻을 수 있을 것이라 생각한다.

오늘도 준비하는 것을 기쁨으로 생각하길 바라며.

2015년 01월 15일 목요일

사랑하는 엄마가

| 오늘의 명언 |

독서가 정신에 미치는 영향은
운동이 육체에 미치는 영향과 같다

-에디슨-

하루에 나는 책을 얼마나 읽을까?
일주일 동안 나는 책을 얼마나 읽었을까?
한 달 동안 나는 과연 책을 한 페이지라도 읽었는가?
반성해보자.

그동안 책을 한 페이지도 안 읽었다면 나는 나에게 비타민을 공급하지 않은 것이다.

나에게 골고루 담긴 영양비타민 한 알 챙겨 먹는 것처럼 하루에 30분이라도, 다만 서 너 페이지라도 좋은 양서를 읽는 습관을 가져보자.

무지로, 지혜롭지 못한 바보스러움으로 비만한 정신적 다이어트를 해보자.

지방은 분해하고 몸에 이로운 근육질만 키우고 에너지를

보강하는 운동처럼 책을 읽어 정신적 근육질을 키우고 슬기로운 에너지를 키워보자.

2015년 01월 16일 금요일
사랑하는 엄마가

| 오늘의 명언 |

친절한 말은 봄볕과 같이 따사롭다

-러시아 속담-

사람들은 무뚝뚝하게 말을 하는 사람보다 친절하게 말하는 사람을 좋아한다. 친절함은 미소를 자아내게 하고 좋은 기분을 상승시키기도 한다. 그 좋은 기분은 사람들을 긍정적으로 만들고 용기 있게 도전하는 에너지를 돋군다. 또한 행복감으로 젖어 들게 한다.

이렇게 친절한 말은 정말로 좋은 자원이며 무한자원이다. 그리고 물질적인 값을 치르지 않아도 된다. 자신에게 무한하고 좋은 자원, 그것도 무료로 제공되는 친절한 말로 상대의 기분을 극 상승시키고 용기를 주어보자.

그러한 행위는 상대방을 기분 좋게 만들지만 자신에게 더 큰 기쁨과 행복으로 찾아 들것이다. 자원봉사가 남을 위해 한다는 것으로 착각하고 있지만, 자원봉사를 함으로서 결국은 자신이 더 행복함을 느끼는 것처럼 말이다.

이렇게 서로서로 기쁘고 행복하게 해주는 따사로운 봄볕과 같은 친절한 말로 쌀쌀하고 추운겨울의 얼음을 녹여보자.

2015년 01월 17일 토요일
사랑하는 엄마가

| 오늘의 명언 |

남의 생활과 비교하지 말고 네 자신의 생활을 즐겨라

-콩도르세-

지구상에 인구수는 70억 여 명이라고 한다.

사람들의 생활은 생리적 기능의 삶을 제외하고 많은 생활이 다를 것이다.

경제적으로 잘사는 사람, 못사는 사람, 많이 배운 사람, 덜 배운 사람, 이념이 다르고 사상도 다르고 외모도 많이 다르기 때문이다.

이런 지구환경이 우리들이 살아가는 곳이다. 이런 곳에서 남의 생활과 비교하면서 산다는 것은 마음의 상처를 많이 받을 수 있다는 것을 뜻함이라.

각 개인은 70억 여 인구 중에 한사람이다. 그 한사람, 한사람이 모여 인류라는 무리를 이루고 세상을 살아간다.

70억 여 인구 중에 속에 있는 자신이지만

자신이 있으므로 70억 여 인구가 된다는 것에 자부심을 가져야 할 것이다.

 따라서 한 개인은 모두 소중한 존재라 할 수 있다. 자신의 모습은 이 세상에서 하나밖에 없는 사람, 인류를 구성하는 한 사람이라는 것을 생각할 때 자신의 중요성을 깨닫고 자신의 생활을 숙명적으로 즐기고 사랑할 수밖에 없는 것이다.

 오늘도 "이 세상에서 유일한 나, 내가 있으므로 지구가 돌아가고 있다"는 것을 보람과 긍지로 느껴보길 바란다.

2015년 01월 18일 일요일
사랑하는 엄마가

| 오늘의 명언 |

참사랑은 희생이며 실천하는 것이다

-가향-

장애의 몸으로 두 아들을 홀로 키운 일본의 어느 어머니가 있었다. 그녀는 화상을 입은 흉측한 모습을 하고 다리를 절었다. 그녀는 죽고 싶을 정도로 생활고에 시달리면서도 두 아들이 잘 자라는 모습에 그 고통을 감내하였다.

고진감래苦盡甘來라 하였던가!

마침내 큰아들은 동경대학에, 작은 아들은 와세다 대학에서 수석졸업을 하게 되었다. 더구나 큰 아들은 수석졸업과 동시에 대기업 취직까지 확보하는 영광을 안게 되었다.

고통스러웠던 지난 세월의 아픔이 한꺼번에 사라지는 기쁨을 안고 그 어머니는 다리를 저는 불편한 몸으로 큰아들의 동경대학 졸업식장에 갔다.

때마침 큰 아들은 수위실에서 아들을 찾고 있는 남루하고 보잘 것 없어 보이는 어머니를 멀리서 보게 되었다. 수많은 귀빈들이 오는 졸업식장에 장애의 몸으로 초라한 자신의 어머니가 오는 것을 부끄럽게 생각한 큰아들은 수위실 직원에게 "그런 사람 없다고 하라"고 전했다.

어머니는 낙심천만한 슬픈 얼굴로 돌아서야 했다. 큰아들에게 버림받은 서러움은 그 어머니에게 자살을 결심하게 하였다. 그러나 마지막으로 작은아들 졸업식은 보고 죽자고 생각하면서 작은아들의 졸업식장인 와세다 대학을 찾아갔다. 하지만 차마 들어가지 못하고 교문 밖에서 발길을 돌렸다.

어머니가 오기를 기다렸던 작은아들은 절룩거리며 돌아가는 어머니를 발견하고 "어머니~" 하고 부르며 황급히 교문 밖으로 달려 나가 어머니를 업고 졸업식장으로 들어갔다.

어머니는 "사람을 잘못 봤소."라고 입장을 거부했지만 작은아들은 자신의 어머니를 귀빈석 중앙에 앉혔다. 보석과 값비싼 옷으로 치장한 부인들이 남루한 여인에 대해 수군거리자 그 어머니는 몸 둘 바를 몰라 했다.

그러나 수석으로 졸업하는 작은아들의 답사를 듣고 그 부인들과, 졸업식장에 있던 사람들은 감동의 눈물을 흘리면서 혐오스럽게 바라보던 그 어머니를 존경의 눈길로 바라봐 주었다.

답사 내용 중에는 자신의 어머니에 대해 설명하는 부분

이 있었다.

"두 아들이 어릴 때 집에 큰불이 났었단다. 때마침 어린 두 아들만 집에 있었고 어머니는 밖에서 집으로 돌아갔을 때였다고 한다. 어머니는 한 치의 망설임도 없이 불속으로 뛰어 들어가 두 아들을 이불에 싸서 구했단다. 이불에 싸여 있던 두 아들은 아무런 외상도 없었지만 어머니는 온몸에 화상을 입고 다리를 다쳐 절게 되었단다. 이렇게 불편한 몸으로 구걸하다시피 하여 두 아들을 대학까지 졸업시켰다."는 것이다.

이 소식이 곧 신문과 방송을 통해 전국에 알려지게 되었다. 그 소식은 작은아들이 대기업 회장의 사위가 되는 동기가 되었다. 그러나 큰 아들은 대기업 입사가 취소되고 말았다고 한다.(이야기 출처: 카카오스토리)

어머니의 사랑과 희생은 그 누구도 따를 수 없다는 것을 보여준 사례다. 그러나 가슴 아프게도 요즘 일부 어머니들은 자식을 많이 버린다. 이러한 희생정신을 본받았으면 참 좋겠다는 생각을 해보면서 이글을 소개한다.

2015년 01월 19일 월요일

사랑하는 엄마가

| 오늘의 명언 |

현대그룹 전 회장 정주영 님의 어록

★ 운이 없다고 생각하니까 운이 나빠지는 거야.

★ 길을 모르면 길을 찾고, 길이 없으면 길을 닦아야지.

★ 무슨 일이든 확신 90%와 자신감 10%로 밀고 나가는 거야.

★ 사업은 망해도 괜찮아, 신용을 잃으면 그걸로 끝이야.

★ 나는 젊었을 때부터 새벽에 일어났어. 더 많이 일하려고.

★ 나는 그저 부유한 노동자에 불과해.

★ 위대한 사회는 평등한 사회야, 노동자를 무시하면 안 돼.

★ 고정관념이 멍청이를 만드는 거야.

★ 성패는 일하는 사람의 자세에 달린 거야.

★ 누구라도 신념에 노력을 더하면 뭐든지 해낼 수 있는 거야.

★ 자신의 이름으로 일하면 책임 전가를 못하지.

★ 잘 먹고 잘 살려고 태어난 게 아니야, 좋은 일을 해야지.

★ 더 바쁠수록 더 일할수록 더 힘이 나는 것은 신이 내린 축

복인가 봐.
★ 열심히 아끼고 모으면 큰 부자는 몰라도 작은 부자는 될 수 있어.
★ 불가능하다구? 해보기는 했어?
★ 시련이지 실패가 아니야.

(출처: facebook)

위와 같은 정주영 전 현대회장님의 어록은 우리들이 살아가면서 가져야 할 정신함양에 필요한 좋은 메시지인 것 같다.

긍정적 사고력, 창조정신, 자신의 믿음, 타인으로부터 신뢰성 유지, 근면(부지런함), 겸손, 평등함으로 상대를 인정, 활발한 두뇌자극, 최선의 노력, 어떤 일이든 자기 할 탓, 의무와 책임, 사회기부, 늘 감사하는 마음, 성실한 노력, 용기와 도전, 극복 등의 정신함양은 우리가 살아가면서 부딪히는 모든 장애물을 견딜 수 있는 강한 힘이 될 것이야.

마음에 새기면서 힘들다 여겨질 때 꺼내보기 바란다.

2015년 01월 20일 화요일

사랑하는 엄마가

| 오늘의 명언 |

자신감 있는 표정을 지으면 자신감이 생긴다

-찰스다윈-

    인간은 강하다고 생각하지만 때때로 소극적이 되고 위축되기도 한다.

    이것은 타인이라는 존재와 인류사회환경의 영향이다. 이러한 공동체적인 사회 환경 속에서 자신 있게 살아가려면 스스로 자신감을 가져야 한다.

    이러한 자신감은 남들이 만들어 주지 않는다. 자신이 스스로 만들어야 한다.

    항상 자신감 있는 표정을 만들어 거울을 보며 연습하자. 그 표정은 자신에게 힘이 넘치는 자신감을 주게 될 것이다.

    오늘부터 아침에 일찍 일어나 제일 먼저,

    "나는 무슨 일이든 모두 다 할 수 있어."

라고 크게 외쳐보자.

망설임은 물러날 것이고 용기와 도전의 자신감이 솟구쳐 삶의 활력소를 제공해 줄 것이야.

"I Can do it" "I Can do it" "I Can do it"

2015년 01월 21일 수요일

사랑하는 엄마가

제3부
절대로 꿈을 포기하지 말라

| 오늘의 주제 |

절대로 꿈을 포기하지 말라

사랑하는 우리 딸 안녕~~~

우리가 살아가는데 있어서 기쁨과 행복도 있지만 그보다 더 좌절하고 포기하고 싶을 때가 종종 있단다. 그럴 때 마다 그 누군가의 지지와 관심 또는 좋은 글을 읽으면서 자신을 추스르며 용기를 내곤 하겠지.

그래서 우리는 비타민 섭취로 영양을 보충하듯 성공한 사람들의 사례를 읽으며 자신을 위안하고 또 다시 희망과 꿈을 꾸는 거겠지.

그 꿈과 희망은 돈도 안줘도 되고 마음껏 가져도 된단다. 누구도 너의 꿈과 희망에 대한 것을 돈으로, 또는 노동으로 지불하라고 하지 않는단다.

특별한 너만의 자유이지…….

다만 꿈을 이루기 위해 어떠한 장애물도 견뎌내고 고통

과 시련을 극복할 줄 아는 지혜로움을 얻으려면 자신의 노력과 투지가 필요할 뿐이지.

그렇게 인간은 마음먹은 대로 되지 않을 때가 많은데 다른 사람들은 그럴 때 마다 어떻게 견디어 냈는지를 보면서 용기를 내어보자꾸나.

01. 러시아의 유명작가 도스토예프스키는 20년 넘게 글을 쓰면서도 평론가들로부터 "너저분한 잡동사니 같은 글만 쓴다."는 비판을 받았지만 결국 세계적으로 유명한 작가가 되었단다. 20여 년 동안 좋은 평을 받지 않았다면 보통사람은 쉽게 포기했을 수도 있다.

02. 대한민국에서 아주 유명한 배우 전광렬은 무명시절 영하 10도의 날씨에 알몸으로 밖에 나가 "나는 할 수 있다!"라고 외쳐왔다고 한다. 화려하고 멋지게만 보이는 배우도 그렇게 꾸준하고 강인하게 노력했던 거지.

03. 교보그룹 창업자인 신용호는 한국의 저명인사 99명으로부터 "당신이 하려는 사업은 무조건 실패한다."는 말을 들었다고 한다.

    그들이 "안된다."고 했던 사업은 "교보생명"이었다. 그러나 교보생명은 현재 보험업계 선두를 달리고 있다.

04. 세계적인 전 농구선수 마이클 조던은 NBA시절 9,000번의 슛을 실패하고 3,000회의 경기에서 패배한 선수이다. 그러나 지금은 샬럿 호니츠 구단주가 되었다.

05. 애니메이션의 대부 월트 디즈니는 빈민가에서 남들이 먹다 버린 빵을 주워 먹던 시절이 있었다고 한다. 그는 어린이들의 꿈의 궁전 디즈니랜드를 설립했다.

06. 이랜드 창업자 박성수는 근육 무력증에 걸려서 5년 가까이 누워서 지냈던 시절이 있었으나 결국 삶을 포기하지 않고 이랜드 회장이 되었다.

07. 세계에서 가장 큰 중국 음식점 "하림각 대표 남상해는 끝도 보이지 않는 가난에 절망한 나머지 독약을 마시기도 하였으나 그 가난을 극복하고 자장면으로 성공 신화를 이루었다.

08. 세계적인 패션업계의 전설 크리스찬 디오르는 수십 곳의 의상실로 부터 "당신은 절대로 패션 디자이너가 될 수 없다!"는 말을 들었지만 그는 결국 패션업계의 거장이 되었다.

09. 미국의 유명한 소설가 어니스트 헤밍웨이는 한 잡지

편집장으로부터 "이런 글 실력으로는 절대로 작가가 될 수 없다."라는 핀잔을 받았던 시절도 있었지만 결국은 "노인과 바다"라는 소설로 노벨 문학상을 수상했다.

10. '헤지펀드계의 전설', '헤지펀드의 대부'로 알려진 조지 소로스(본명 : 조지 슈와르츠)는 손님들이 남기고 간 음식으로 주린 배를 채우던 한 술집의 웨이터였으나 그는 20세기 최고의 펀드매니저가 되었다.

11. 한국문학을 대표하는 소설가 이문열은 한때 신춘문예 탈락에 이어 출판사에 직접 투고한 원고까지 거절받는 아픔을 겪기도 했으나 결국 한국문학을 대표하는 유명작가가 되었다.

12. 한국 최대 여성CEO 한바른 그는 한때 중소기업 관리부 직원이었으나 그는 한국최대기업 여성대표가 되었다.

이 12번의 꿈을 이루기 위하여 오늘도 꾸준히 노력하는 멋진 숙녀가, 엄마가, 아내가, 되길 축복한다.

널 가장 사랑하고 너의 가장 든든한 후원자
엄마가

(11명의 성공사례는 밴드글을 참고)

딸의 답장

엄마 메일 잘 읽었어,,

상식의 달인인 우리엄마를 두어 딸은 너무너무 행복합니다.^^ 엄마가 보낸 아침편지 내용처럼 항상 희망을 안고 살께, 엄마가 내 엄마여서 너무너무 행복하고 감사하고 너무 좋아.

한 번도 포기하지 않고 나 잘 키워줘서 너무 감사합니다. 이제 버럭 화도 내지 않고, 딸을 만나면 즐거울 수 있게 노력할게~~

내가 많이 모자랐고, 엄마한테 나쁘게 한 행동들 다 잊어줘^^

열심히 하는 딸 될게요~~. 사랑합니다.^^

| 오늘의 주제 |

익어간다는 것

    엄마의 글을 잘 읽어주고 깨달아주니 엄마는 더없이 고맙단다. 사람도 자연의 일부란다. 그래서 사람이 나이가 먹는 것은 오곡백과가 익어가듯 익어가는 것이란다.

    엄마는 네가 화낼 때 마다 그 당시에는 속상하기도 했지만 "내 딸이 익어가느라고, 성숙해가느라고 저러는 것이겠지."라는 생각을 하며 기다렸단다.

    과일이 익기 전에는 새파랗고 떫고 아무 맛이 없듯이 사람도 많은 경험을 하면서 대추처럼 사과처럼 빨갛게, 둥글둥글 배처럼 노오랗게, 탱글탱글 갈색이 빛나는 밤처럼 알록달록 새콤달콤 자두처럼 예쁘게 맛있게 익어가는 것이란다.

    엄마도 새파랗게 젊었을 때는 익느라고 많은 고통을 감래해야만 했고 괴로움도 달게 받아야 했지. 아직도 덜 익어서 어떤 때는 힘이 든단다. 하지만 어지간히 익었는지 많은 것을 초연해 하려고 노력한단다.

과일이 맛있게 익으면 사람들이 따내어 팔고 사람들에게 먹히고 사람들에게 유익한 양분을 주며 과일의 생명이 끝나게 되는 것처럼,

인간이 잘 익고 욕심을 내려놓을 때는 인간의 인생도 끝이 나는 것이지. 이렇게 잘 익은 과일처럼 훌륭한 인생의 끝은 남은 사람들에게 유익한 교훈을 주고 아름다운 추억으로 영원히 살게 되는 것이지.

우리는 이것을 위하여 사는 날까지 끊임없이 꿈을 꾸고 희망을 가지며 노력하는 삶이 되도록 끊임없이 달려야 한다고 생각해. 엄마가 너에게 이런 글을 쓰고 싶을 때가 참 많았어. 그런데 기다렸지.

훈계나 잔소리가 되지 않고 자연스러울 때 까지 기다렸던거야. 진짜로 내 딸은 외모는 모두 갖추었으니 좀 더 우아한 지혜로움만 갖추면 완벽해질 거야.

사랑한다. 내 딸아.

내일도 행복한 편지를 쓰는 시간을 기다리며

엄마가

| 오늘의 주제 |

감사와 행복

사랑하는 딸 안녕.

잘 잤어? 오늘은 주말이라 늦잠 좀 자고 피로 풀기를 바란다. 주말은 5일 동안 열심히 일하고 열심히 살아온 휴가 보상이라 생각한다.

직장을 다니니까 주말의 시간이 더욱 값지고 귀중하게 생각되는 것이지. 엄마는 이러한 시간의 행복을 느끼는 것이 얼마나 감사하고 기쁜지 모른단다.

옛날 어느 한 소녀가 산길을 걷다가 나비 한 마리가 거미줄에 걸려 버둥대는 것을 발견하고는 가시덤불을 제치고 들어가 나비를 구해 주었단다.

나비는 춤을 추듯 훨훨 날아갔지만 소녀의 팔과 다리는 가시에 찔려 피가 철철 흘러 내렸지.

그때 멀리 날아간 줄 알았던 나비가 순식간에 천사로 변하더니 소녀에게 다가와서 자기를 구해준 은혜에 보답하겠다면서 무슨 소원이든 한 가지를 들어 주겠다고 말하라고 했지.

소녀는 자기가 "이 세상에서 가장 행복한 사람이 되게 해주세요."라고 말했지. 그랬더니 천사는 소녀의 귀에 무슨 말인가 소곤거리고 사라져 버린 거야.

소녀는 자라서 어른이 되고 결혼을 해서 엄마가 되고 할머니가 되도록 늘 행복하게 살았지.

항상 그의 곁에는 언제나 좋은 사람들이 있었고 행복하게 살아가는 그녀를 사람들은 부러운 눈빛으로 우러러 보는 삶을 살게 된 거지.

세월이 흘러 예쁜 소녀였던 그녀는 백발의 할머니가 되어 임종을 눈앞에 두게 되자 사람들은 할머니가 죽기 전에 평생 행복하게 살 수 있었던 비결을 물었지.

할머니는 조용히 웃으시며 입을 열었지.

"내가 소녀였을 때 나비 천사를 구해 준 적이 있지, 그 대가代價로 천사는 나를 평생 행복한 사람이 되게 해주었어. 그때 천사가 내게 다가오더니 내 귀에 이렇게 속삭이는 거야.
"구해주어서 고마워요. 소원을 들어드릴께요."
무슨 일을 당하든지 "감사"하다고 말하면 평생 행복하게 될 거에요. 그때부터 무슨 일이든지 감사하다고 중얼거렸더니 정말 평생 행복했던 거야.

사실 천사가 내 소원을 들어준 게 아니야, 누구든지 만족한 줄 알고 매사에 감사하면, 세상은 우리에게 행복을 주지."

이 말을 끝으로 눈을 감은 할머니의 얼굴에는 말할 수 없는 평온함이 가득했대.(이야기 출처: 카카오스토리)

이 이야기는 우리가 살면서 감사하며 살라는 이야기를 한 거 같아.

바른아,

우리의 삶은 날마다 기적을 이루는 것이라 생각해. 미래를 예측할 수 없는 세상에서 살아있다는 그 자체에 감사하며 산다면 우리는 날마다 행복하게 살 수 있는거지.

엄마가 다리 다쳤을 때 '왜 내가 이렇게 다쳐야 되는 거야?'라고 억울하게 생각했다면 아마 불행해졌을거야.

하지만 뇌를 다치지 않아 다행이야, 뇌진탕으로 죽지 않아서 다행이야, 나를 옆에서 간호해주는 남편이 있어서 다행이야, 나를 염려해주고 걱정해주는 자식과 엄마가 있어서 다행이야, 나를 치료해주는 의사와 간호사가 있어서 다행이야, 치료비를 해결해주는 보험회사가 있어서 다행이야, 빨리 나으라고 기도해주는 친구와 직원들이 있어서 다행이야, 등등 이렇게 긍정적으로 생각하며 감사하며 어려움을 극복했지.

지금도 많은 사람들이 "다리가 아직 다 안 나왔네요,"라고 걱정해주면 엄마는 이렇게 말하지.

"그래도 저는 행복합니다. 왜냐하면 약간 절지만 보장구 없이 두 다리로 걸을 수 있으니 얼마나 감사한지 모릅니다."
라고 말하면 정말 "그러네요."라고 맞장구 쳐준단다.

아직도 이런 인사를 많이 주고받는단다. 이렇게 관심가지고 염려해주는 사람들이 있다는 것에 감사하고 하루에도 다양한 일들에 대하여 수없이 감사하다고 되 뇌이며 산단다.

주말을 맞은 오늘도 감사의 기도를 되 뇌이며 힘차게 즐겁게 지내기를 간절히 바란다.

사랑하는 딸도 유서방도, 우아도 함께
늘 건강하고 오늘도 파이팅 고고~~~

이렇게 편지를 쓸 수 있는 시간에 대하여 감사하며
엄마가

| 오늘의 주제 |

빌게이츠의 인생충고 10가지를 읽고

마이크로사의 빌 게이츠가 마운틴 휘트니(Mt.Whitney) 고등학교를 방문하여 사회진출을 앞 둔 학생들에게 다음과 같은 조언을 했다고 한다.

1. 인생이란 원래 공평하지 못하다. 그런 현실에 대하여 불평할 생각하지 말고 받아들여라.

> 엄마생각
>
> 이것은 가정에서 곱게만 자란 아이들이 사회에 나가서 부닥칠 예기치 못한 일들에 대하여 예방접종격인 이야기라 생각한다.
>
> 사회가 공평하지 못해도 상황에 따라 이해하고 슬기롭게 견디라는 의미겠지.

2. 세상은 네 자신이 어떻게 생각하든 상관하지 않는다. 세

상이 너희들한테 기대하는 것은 네가 스스로 만족하다고 느끼기 전에 무엇인가를 성취해서 보여줄 것을 기다리고 있다.

> 엄마생각

이 의미는 세상은 나와 다른 사람들, 내 생각과 다른 일들이 무수히 많은데 그에 대해서 분개하거나 괴로워하지 말고 인정하고 스스로 만족된 생활을 위하여 노력하고 세상에 자신을 자신 있게 내보이라는 것이라 생각한다.

3. 대학교육을 받지 않는 상태에서 연봉이 4만 달러가 될 것이라고는 상상도하지 말라.

> 엄마생각

이 의미는 끈임 없이 공부하라는 강렬한 의미인거지.

4. 학교선생님이 까다롭다고 생각되거든 사회 나와서 직장상사의 진짜 까다로운 맛을 한번 느껴봐라.

> 엄마생각

학교 다닐 때가 가장 좋다는 말을 들어온 것이 실감나는 이야기지. 학교 다닐 때는 공부만 하면 되지만 직장에서는 돈을 벌어야 하니까 사주나 관리자는 얼마나 직원들을 부리겠어. 특히 직급을 이용해서 부당한 권리를 요구하는 직장상사를 말함이겠지. 그만큼 사회는 전쟁터란 거지.

5. 햄버거 가게에서 일하는 것을 수치스럽게 생각하지 마라. 너희 할아버지는 그 일을 기회라고 생각하였다.

> 엄마생각

요즈음 취업의 문턱이 바늘귀 통과하는 것보다 어렵다는 말을 의미하는 거라 생각해. 그만큼 취직하기 어려우니 직업에 귀천이 없다 생각하고 어떤 일이든 불평하지 말고 성실하게 하라는 거겠지.

6. 네 인생을 네가 망치고 있으면서 부모 탓을 하지 마라. 불평만 일삼을 것이 아니라 잘못한 것에서 교훈을 얻어라.

> 엄마생각

미성년 일 때는 부모가 책임이 있지만 성년이 되어서는 스스로 결정할 수 있으니까 스스로 한일에 대해 책임을 지라는 의미겠지. 본인이 실패했을 때는 무엇이 잘못되었는가를 곰곰이 생각하여 교훈을 얻고 새롭게 자신 있게 재도전 하라는 의미라 생각한다.

7. 학교는 승자나 패자를 뚜렷이 가리지 않을지 모른다. 어

떤 학교에서는 낙제제도를 아예 없애고 쉽게 가르치고 있다는 것을 잘 안다. 그러나 사회 현실은 이와 다르다는 것을 명심하라.

> **엄마생각**
>
> 학교는 성적우열을 따지긴 해도 승자나 패자를 가리지 않는다는 거지. 그러나 사회에서는 반드시 승자와 패자가 구분되는 거야. 예를 들어 승진심사를 해서 승진을 하는 자는 승자고 떨어진 자는 패자로 볼 수 있지. 그런 의미이니 학교와 사회를 반드시 구분해서 처신하고 사회에서 패배하지 않으려면 고군분투 하라는 의미겠지.

8. 인생은 학기처럼 구분되어 있지도 않고 여름 방학이란 것은 아예 있지도 않다. 네가 스스로 알아서 하지 않으면 직장에서는 가르쳐주지 않는다.

> **엄마생각**
>
> 위의 말도 다 중요하지만 특히 이 말은 정말로 새겨두면 좋을 것 같아. 인생에는 방학이 없지. 끊임없이 도전하고 일어서야 하지. 그러니 스스로 노력하며 쉬지 않고 뛰는 것을 당연하게 여기라는 거겠지.

9. TV는 현실이 아니다. 현실에서는 커피를 마셨으면 일을

시작하는 것이 옳다.

> 엄마생각

놀 때와 일할 때를 정확히 구분하라는 거겠지.

10. 공부 밖에 할 줄 모르는 "바보"한테 잘 보여라. 사회 나온 다음에는 아마 그 "바보" 밑에서 일하게 될지 모른다.

> 엄마생각

공부밖에 모르는 바보라고 놀린 친구에게 굽실거릴지 모르는 상상을 하며 열심히 공부하라는 의미겠지.

> 총 평

인생은 만만치 않다는 것과 패배하지 않으려면 끊임없이 도전하고 노력하고 열심히 공부할 것과 자신이 한일에는 스스로 책임지고, 만만치 않은 전쟁 터 같은 사회속에서 살아남으려면 다양한 사회현상을 이해하고 인정하며 포기하지 않는 꿈과 희망을 가지라는 의미의 10가지 충고라 생각한다.

오늘도 즐거운 전진, 도전하길 바라며
사랑하는 엄마가
(빌 게이츠 이야기 출처: 카카오스토리)

좋은 아침(딸의 답장)

오늘 아침도 엄마의 따뜻한 아침편지로 기분 좋게 시작하게 되었어~~.

이제 출근하고 있겠네?? 난 아침청소하고 지금 자리에 앉아서 율무차 마시면서 밀린 엄마 메일 읽고 있었지~~.

정말, 엄마 편지대로 매사 모든 일이 닥쳤을 때 "감사합니다."라고 생각하면 기분 나쁠 게 없을 것 같다는 생각이 들어.

참 그렇게 살면 문제가 안 되고 모든 사람들이 행복할텐데. 그렇지 않은 게 다반사지.

지금 우리 회사는 주차장 증축공사로 인해서 주차장을 아예 막아놔서 주차 할 곳이 없어.

모든 사람들이 불평했지!! 처음엔 나도 그런 생각을 했었어~~.

저 번 주 첫 출근하는 날 아무런 공지 없이 주차장을 막아놓은거야. 그래서 사람들은 수군거렸지.

"어쩜 일처리를 저렇게 하냐고!!"

"주차공간을 다른 빈 공터라도 만들어놓고 공사를 해야지 대책 없이 무턱대고 공사만한다고!! 왜 항상 그런 식으로 일처리를 하지?"

근데, 오늘아침 차를 걸어서 10분 거리 정도에 주차를 하고 걸어오면서 그런 생각을 했어…….

돈 들여 운동도 하는데. 즐겁게 운동한다고 생각하자~^^ 그렇게 생각하니 마음이 한결 가볍더라고~~.

사람은 생각하기 나름인 것 같아……. 아직 멀었지만 나도 변하는 모습 많이 보여줄게.

김밥 먹고 나서 오빠거 남겨났는데 게 눈 감추듯 다 먹었어. ㅋㅋㅋ 고구마도 내가 좋아하는 밤고구마고~~.

너무너무 잘 먹었어~ 이번 주엔 태희한테 가려고. 토요일이나, 일요일에 이제 23일 날 부대 들어가잖아…….

또 그런 생각하니깐 눈물이 나는 거야. 그냥 자운대병원에 있을 땐 가까이 있다고 생각했는데. 또 멀리 간다니, 기분이 그렇네.

그게 가족 인가봐~~ 오늘도 좋은 하루 보내세요.

사랑해 엄마~~

| 오늘의 주제 |

세상에는 공짜가 없다

사랑하는 내 딸 안녕^^

엄마는 오늘 무척 기분이 좋단다. 정신적으로 성큼 성숙된 딸의 생각을 보며 그 어떤 행복도 부럽지 않단다.

세상에는 공짜가 없단다. 어떤 노력을 하던지 노력을 해야만 얻어지는 법이지.

농부가 곡식을 거두기 위하여 햇볕에 얼굴을 그을려야 하고 병충해를 막아야 하고 적정한 온도와 물을 얻기 위해 뜨거운 땀방울에 몸을 적셔야 한단다.

사람들은 농부, 어부들의 땀과 노력을 사기 위해 직장을 다니고 돈을 번단다.

우리가 한 끼의 식사를 위해서 농부·어부들의 땀과 노고, 식탁에 오르기 까지 수많은 손길이(배송, 마트에 진열, 판매 등등) 있었다는 것을 생각 할 때 감히 감사하지 않을 수 없지.

이렇게 우리는 감사 속에서 하루를 시작하고 하루를 마무리 하여야 한단다.

너의 글속에 감사라는 말이 담겨 있어 무한히 기뻤단다. 감사를 느낀다는 것은 성숙한 사람만이 할 수 있는 것이란다. 네가 쓴 글을 쭈욱 읽어보니 엄마는 내 딸이 글을 썼으면 좋겠다는 생각을 해보았어. 소질이 다분해.

많은 책을 읽고 조금만 노력하면 서점에서 베스트셀러 작가 한바른이 눈에 띌 것 같아.

그냥 한번 해본 말이 아니니 지금부터 글쓰기 연습을 좀 해봐. 예전에 학교 다닐 때도 너의 글이 교지에 실리기도 했었잖아. 네가 글을 쓴다면 반드시 인기작가가 될 것 같아. 엄마 말 그냥 흘려듣지 말고 많은 고민 해보길 바란다.

부모는 자식의 특기를 찾아주는 것이라 했는데, 너의 특기를 지금이라도 찾아주니 정말 행복하구나.

늘 건강과 행복이 햇살처럼 따스하길 바라며…….

사랑하는 엄마가

| 오늘의 주제 |

사랑과 봉사

앗따 삼겹살 & 에쿠스

늦은 점심 식사를 마치고 은행엘 나선다, 좁다란 골목에서 막바지 태양에 지친 양산을 제치며 다가서는, 내 어머니 닮으신 여인,

다짜고짜

"이 동네 앗따 삼겹살집이 어딘지 알어유? 거기서 점심 계모임이 있는디, 이 동네를 몇 바퀴 몇 시간을 돌았는디두 도통 찾을 길이 없네."라신다.

"글쎄요, 삼겹살집은 많은데 '아따'"라고는 "혹시 그러면 '옥수분식'이라고 아셔유?"

묻는 내가 바보였더냐.

"그 집 옆집 '왔다 삼겹살'을 본 것 같아요. 거기까지 가시

려면 어머니 걸음으로 30여 분 가셔야만 해요.^^ 아무튼, 저 위에서 우회전 하셔서 쭈욱 올라가시면 오거리가 나와요……. 거기서 직진해서 한참을 올라가시면 내동초등학교가 나오고, 학교 맞은편 길로 또 올라가시면 조그마한 사거리인지, 오거리인지 거기 대각선 방향이거든요^^"

둘이 골목길을 막아서곤 한참 내비게이션을 찍는다. 이 때, 차창 밖으로 고개를 쭈욱 내미는 젊은 여인,

"어디? 가시는데요, 우선 타세요……. 제가 모셔다 드릴게요."

'아따 삼겹살요.'

날은 덥고 길을 막으니 창문 밖으로 들렸었나 보다 숨통 막히는 우리의 대화가…….

그녀에게서 풍겨 나오는 정情. 아마 한양에서 김氏를 찾는대도 찾아줄 요량이다.

두 여인이 탄 차량을 뒤로하고 나도 모르게 에쿠스 검은색 차량만 보였다, 번호판을 기억했어야지.

내 발걸음은 발레리나 스텝처럼 사뿐사뿐 가벼워진다. 당신이 진정한 베스트 드라이버야. 봉사나 착한 일은 뒷켠에서, 아무도 모르게…….

아름다운 여인~!!

전화번호라도 물어볼걸 그랬어. 나랑 사귀자구.

든든한 내 딸 안녕^&^

어제 저녁 맛있게 먹었어. 갑자기 이루어진 번개팅이 우리들에게 커다란 즐거움과 행복을 준 것 같아.^^

이모랑 둘이 만나 편하게 오붓한 시간 지낼 수 있었는데, 엄마도 마음에 걸리고 할머니도 마음에 걸려하는 착한마음의 내 딸이 먼 길 마다 않고 엄마와 할머니 모시러 와서 모두 함께 맛있는 외식을 하게 해주었으니, 얼마나 감사하고 뿌듯한지 몰라.

위에 소개한 글속에서 에쿠스의 여인이 착한마음으로 인간에 대한 애정을 봉사로서 실천한 것과 같이 내 딸도 에쿠스의 여인처럼 따스한 마음이 살아있어 정말 기뻤단다.

가족을 사랑하고 챙겨주는 것도 에쿠스 여인처럼 착한 봉사의 마음이지.

이와 같이 남의 딱한 처지를 보고 그냥 지나치지 않는 마음도 자원봉사 하는 것이며, 이러한 마음의 소유자를 인간의 정이 담뿍 담긴 휴머니스트라고 하는 거겠지.

에쿠스하면 부자들이 타는 차이고 그런 부자들을 괜히 선입견 가지고 네 가지 없는 사람으로 치부했던 일부사람들의 생각을 깨기도 했고 코믹한 대화가 하루를 웃게 만드는 좋은 일화 같아서 이 글을 소개했단다.

위의 글은 페이스 북에서 퍼온 글인데 엄마가 아는 시인 친구가 쓴 글이야.

오늘도 봉사하는 마음과 감사하는 마음으로

새록새록 행복해지길 기원하는

엄마가

| 오늘의 주제 |

시간을 소중히 여기자

하루의 시간은 느리고
십년의 세월은 빠르다

10대 보다 20대가 빠르고
20대 보다 30대가 빠르다

총알보다 빠른 시간이 겁이 난다.

한번 쏘아진 시간은
되돌릴 수 없어서 겁이 난다.

　　　　　－탁소의『나이 먹는 그림책』중에서

든든한 내 딸 안녕^&^

유난히 가을하늘이 예쁜 9월도 딱 절반이 지나고 이제 내려가는 길목에 접어들었구나.

위의 글귀처럼 참으로 세월의 **빠름**이 실감난다.

너를 낳고 네가 너무 예뻐서 자고 있는 너의 모습을 한없이 바라보고 있었던 적이 많았단다.

하루는 네가 중간에 깨지도 않고 18시간이나 잠만 자서 네 코에 손도 대보고 네 가슴에 귀를 대보기도 했단다.

그런 너의 모습이 정말 귀엽고 신비로웠단다.

기저귀를 갈아주며 하루하루 자라는 다리를 보다가

어느 날 다리가 너무 길어서 내 딸이 이렇게 많이 자랐네 하고 놀라기도 했었는데…….

그런 나의 딸이 다 자라서

결혼도 하고 아이도 둘씩이나 낳아서 키우고 있는 생각을 하니 놀라는 것은 너무 미약하고 기절할 것만 같구나.^^

정말로 그 무수한 시간들이 총알보다 더 빨리 지나가버린 것 같단다.

이제 엄마는 신체기능도 점점 느림의 미학을 즐기고 성장하는 자녀의 행복을 내 행복이라 여기며 자손들의 건강과 행복을 염려하고 축복하는 일에 익숙해져가고 있단다.

총알보다 더 빨리 지나가는 시간을 좀 더 소중하게 유익하게 사용하는 방법을 생각하며 하루의 시간을 헛되이 보내지 않으려고 많이 노력하고 있단다.

 내 딸도 엄마처럼 생각할 날이 아직 먼 것 같아도 지금의 엄마 말을 실감할 날이 곧 온단다. 그러니 젊고 귀중한 시간 헛되이 보내지 말고 정말로 유익하고 보람된 시간이 될 수 있도록 시간을 아끼고 소중하게 계획하길 바란다.

 그리고 날마다 감사하며 생활하는 것을 잊지 않기를 진심 바란단다.

 오늘도 많이 웃고
 즐거움이 살랑살랑 내 딸 양 볼에 입맞춤하기를 바라는

 엄마가

점심 맛있게 드셨어요(딸의 답장)

 오늘도 무사히 아침을 맞이해 엄마의 따뜻한 편지를 읽을 수 있어서 감사합니다.

 사람들은 정말 간절하거나, 죄를 짓고 용서를 빌 때.
 하느님, 부처님, 자기가 믿고 있는 신을 부르며 울부짖지.
 "이번 한번만 제 소원을 들어주시면……. 앞으로 바라는 것 없이 열심히 살아가겠습니다."

이번 한번만 소원을 신은 들어주지만……. 그 사람은 그때의 간절함을 잊어버리고, 또 다시 간인(간사한 인간)이 되어버리지.

정말 건강하게 집 있고, 남편 있고, 자식 있고, 돈 벌 수 있는 터전 있고, 든든한 부모님에 친척들까지. 뭘 더 바라겠어~^^

그게 삶의 최고인건데. 안 그래??

이런 말이 있잖아.

(오늘은 어제 죽은 사람이 그토록 바라던 내일이다.)라는 말이 있듯이. 정말 무사히 아침을 맞이할 수 있는 것에 감사해야해. 그치??

오늘도 엄마의 아침편지를 읽으며 또다시 다짐해.

지금 현재 상황에 만족하며 감사하게 살아가자고.

고마워 내가 정말 사랑하는 엄마~~♡

| 오늘의 주제 |

딸의 특기를 찾아주다

인간을 간인이라?
여러 문서가 있을 때
연결의미로 간인을 찍는다 하지.

우리 인간도 연결되어 살기
때문에 간인이라 해도 되겠네.

너도 틈틈이 글을 좀 써봐
분명 훌륭한 작가가 될 수 있어

수필도 써보고 에세이도 써보고
분명 너는 훌륭한 유명 작가가
될 소질이 다분히 보인다.

흘려듣지 말고 꼭 명심해봐
그냥 어렵게 생각 말고

틈틈이 좋은 글귀 생각날 때마다
메모하고 일상에 연결 시켜 쓰면 돼
꼭 실천해 보길 바란다.

오늘도 화이팅 하이파이브 짜~안

| 오늘의 주제 |

기분 좋은 날

사랑하는 내 딸 안녕^&^

오늘도 변함없이 태양은 솟아오르고 맑은 공기에 나무들도 꽃들도 구름도 온 세상 만물들이 행복한 호흡을 하고 있구나. 그런데 오늘 엄마의 일기는 조금 우울했단다.

그렇지만 맑은 공기와 나무들과 꽃들이 웃어주고 투명한 가을햇살이 엄마의 팔짱을 끼워주니 금새 활짝 개었지. 또한 나의 사랑하는 딸과 아들 손자손녀를 생각하며 미소 지었지.

오늘 가족관계등록 정정 신청이 접수되었는데 너무 많이 틀려 있는 거야.

배우자 이름도, 아버지 이름도 다 틀리고 자녀들도 3명이나 누락되어 있고……. 이것을 처리하는데 3시간이나 걸렸단다. 그러나 불평보다는 엄마가 말끔히 정정한 것에 보람을 느꼈단다.

이렇게 부닥치는 장애물을 하나하나 건너가면서 편안한 길로 접어들었을 때 그 기쁨과 편안함은 배가 되지. 이러한 것에 대한 감사는 우울한 기분을 맑게 환기시켜주는 행복비타민이야. 행복비타민 한입 털어 넣고 기분 좋은날 만들어 오늘도 기분 좋게 지내련다.

사랑하는 내 딸도 엄마와 함께 기분 좋은 날 지내기를 바라며 엄마의 시 기분 좋은 날 보낸다.

기분 좋은 날

여기저기
푸른 새싹 돋아나는 소리
꽃망울 탁탁 터지는 소리
봄을 귀 기울이는 개나리 산수유
노란 물결 볼 수 있어 기분이 좋다.

양떼구름 출렁이는
파아란 하늘 아래
한가로이 녹음들이 춤추는
나무가 있어 기분이 좋다.

무더운 땀 녹여내는
산기슭 신선한 공기
푸른 바다에 뛰노는
파도가 있어
기분이 좋다.

살이 따갑도록
강렬한 햇살 들이키며
익어가는 오곡백과
풍요롭고 넉넉한
가을식구가 있어
기분이 좋다.

첫눈 내리는 거리
어디선가 군밤 한 톨 구수하다
뽀드득 뽀드득
깊어가는 겨울이야기
정말 기분이 좋다.

| 오늘의 주제 |

하루 24시간 2배 활용법

가을

　　　　가향 이영숙

드넓은 들녘에 턱 괴고 누운
자유롭고 낭만적인 가을
산중턱에 다리 꼬고 앉아
연지곤지 화장하는 요염한 가을
잠자리 날개타고 푸른 하늘 비행하는
행글라이더 가을
뽀송뽀송 흰 구름 평화로운 가을

푸른 잎 삶아 뒤뜰에 널어 낙엽 만들고
앞마당 탱글탱글 새파란 대추

붉게 물들이며 익어가는 가을
아침이슬 반지 끼고 한들한들
걸어가는 코스모스 가을

뒷마당의 감나무
한잎 두잎 나뭇잎은 떨어지고
떫은 맛 털어내며 곱게 달게
익어가는 홍시

아~아 솜사탕처럼 달구나
아~아 맛있다, 짜릿하다.
아~아 국화처럼 정갈하다
가을은 세상에 태어난 기쁨이로구나.

 웃을 때 특히 더 예쁜 내 딸 안녕^^
 이 가을을 연상하며 지금 막 쓴 시야.
　세상은 오염되고 부패되어 가고 있지만 자연은 변함없이 동요하지 않고 자신의 일을 묵묵히 해내고 있는 것을 보며 우리는 자연에게 무한한 교훈을 얻어야 한다는 생각을 해보았어 또한 한시도 잊어서는 안 되는 감사의 마음을 쌓아가야한다는 생각도 들었고.
　우리가 하루하루 살아가는 시간들에게 얼마나 감사해야

되며 변함없이 아낌없이 베푸는 자연의 아름다움에 보답하기위해 잘살아 가는 것은 정말 당연하고 중요하지.

그래서 하루 24시간 2배 활용법이라는 글귀가 있어서 보낸다.

하루 24시간 2배 활용법

1. 그날의 기분을 중요시한다.
2. 아침 일찍 일어난다.
3. 자는 시간에 관계없이 일어나는 시간을 일정하게 맞춘다.
4. 아침 일찍 일어나기 힘들다면 차 한 잔 마시는 습관으로 시작한다.
5. 일어나서 맨 처음 할 일은 찬물로 세수하는 일이다.
6. 허둥대는 아침이 아닌 5분의 명상으로 아침을 시작한다.
7. 다음날의 계획은 전날 밤에 세운다.
8. 다음날 입을 옷은 미리 챙겨둔다.
9. 자정 전에 무조건 잘 수 있도록 노력한다.
10. 머리를 베개에 묻는 순간 모든 것을 잊어라.
11. 잠 안 오는 밤에 취할 수 있는 가장 좋은 방법은 독서다.
12. 일에 있어서나 사람에 있어서나 범위를 좁혀 선별하

되 정해진 것에 집중 투자한다.
13. 10분의 낮잠은 밤잠 한 시간의 효과가 있다.
14. 필요한 일과 필요치 않는 일을 구분한다.
15. 통근시간이 매우 생산적인 시간이 될 수 있음을 명심한다.
16. 여유 있는 계획을 세운다.
17. 모든 일에는 데드라인이 있다.
18. 모든 일에는 때가 있다.
19. 모든 계획은 시작시간과 끝 시간을 명시한다.
20. 항상 최상의 선택으로 시간을 낭비하지 않는다.

[출처 : 아놀드 베네트의 "아침의 차 한 잔이 인생을 결정한다"]

이글을 머릿속에 새겨두고 실천해 본다면 날마다 즐겁고 행복해 질수 있을 거라 생각해. 물론 하루아침에 바뀔 수 없지만 한 번에 하나씩 하나씩 실천해본다면 어느 기간이 지나면 모두 다 실천할 수 있을 것이라 믿는다.

무슨 일이든 항상 급하게 마음먹지 말고 무조건 천천히 초연하게 대처하면 절대로 실수하는 일은 없을 거야.

오늘도 변함없이 건강하고 변함없이 안전하고 변함없이
즐거운 행복누리기를 기도하는 엄마가

엄마의 아침편지를 기다리며(딸의 답장)

어제 엄마가 보낸 편지를 읽지 못해서

아침 댓바람부터 자리에 앉으며 모닝커피 한 잔의 여유로움을 느끼며, 엄마 편지를 보고 있어요. 그런데 19일 아침 편지가 오지 않아 기다리고 있었던 참이야 ㅋㅋ

엄마도 바쁜데 너무 부담 느끼지 말고 시간 될 때 보내줘~~

엄마의 가을 시를 읽으면서 '전원주택에서 한가로이 살고 싶구나~~'라는 생각을 하네.

"연지곤지 화장하는 요염한 가을"이라는 시구가 너무 좋고 귀여워서 상상하게 돼~

엄마의 시는 같이 동감하고 향수를 불러일으키는 게 많은데, 이렇게 귀여운 시구들이 너무너무 좋은 것 같아 히히힛

오늘은 정말 그토록 그린 금요일이야!! ㅋㅋㅋ

불금(불타는 금요일) 되시고~~~♡

내일도 조심히 수업 잘하고 오세용 ^^

| 오늘의 주제 |

행복 주소지
(충청도 그곳군 지금면 자신리 한바름 번지)

사랑하는 내 딸 안녕 ^&^

온순한 날씨, 아침햇살이 아이스크림처럼 부드럽구나.

이 좋은 날 출근 잘했지?

어제 태희한테 다녀오는 길에 대전천변에 코스모스가 안아주고 싶도록 탐스럽게 예쁘게 피어있더라.

엄마는 그곳에서 사진을 찍고 싶어서 아빠에게 차 좀 세워 달랬더니,

빨리 가서 청소도 해야 되고 밥도 먹어야 된다면서 안 세우고 그냥 가는 거야.

그래서 엄마는 조금 뾰루퉁한 말로,

"이곳을 언제 또 지나갈지 모르는데 그냥 세워주면 안되나요?"라고 투정을 부렸더니 아빠가 조금 미안했는지 다시 돌려서 코스모스에게로 데려다 주었어.

소녀처럼 신난 엄마는

사진을 이리 찍고 저리 찍고 코스모스를 쓸어안아보며 행복해 했지. 천변에서 노는 왜가리, 백로, 오리들도 보고 낚시하는 아저씨가 붕어를 낚는 것도 보며,

그동안 공부하랴, 사무실 가랴, 태희에게 가보랴, 아침편지 쓰랴, 할머니 신경 쓰랴 등등

모든 일들을 잊어버리고 그 순간을 행복으로 물들였지.

계획했던 긴 여행보다도 짧은 순간이었지만 정말 행복하고 값진 시간이었어. 이처럼 우리는 순간순간 자투리시간을 이용해서 짧은 여행을 할 수 있다는 것을 실감했지…….

하다못해 저녁에 아파트 단지 공원을 30분 걷는 것도 명상을 하며 머릿속으로 여행하는 기분을 가지면 정말 행복한 여행이 될 수 있을 것이라 여겨진다.

이렇게 우리 사는 곳에는 행복이 지천에 널려있단다. 지천에 널려 있어서 소중하지 않은 것처럼 여기겠지만 그 행복이 얼마나 소중하고 값진 것이었나를 깨달아야 한단다.

박성철님의 '삶이 나에게 주는 선물'에는 이러한 글귀가 있단다.

'유예선언'이라는 말이 있는데 이 말은,
당분간은 미룬다거나 언제까지 보류해둔다는 말이지.

사람들은 행복에 있어서도 이 유예선언을 한 채 행복을 미루거나 보류해두려는 습관을 가지고 있대.
"막연히 내게도 행복한 때가 오겠지." 하고, 이 다음에 행복해지기를 바라는 사람에게는 행복도 찾아가기를 꺼린다네.
지금 우리 현실이 다이아몬드처럼 빛나는 보석이 아닐지라도 더 휘황찬란한 일상이 있다는 거지.
늘 곁에서 힘을 북돋워주는 가족, 아침이면 출근할 직장을 가지고 있다는 것, 오랜만에 떠오른 밝은 보름달을 바라볼 수 있는 우리의 일상.
'행복유예선언'으로 자신에게 주어진 행복을 미루지 말고 우리의 일상에 참 행복이 있다는 사실을 깨달으라고…….
그렇지 않다면 먼 훗날 우리의 묘비에,
'오늘은 늘 행복하지 못하고 내일은 행복해질 거라. 굳게 믿었던 사람 여기 잠들다.'라는 글이 씌어 질지 모른다고…….

그러니까 행복유예선을 하지 말고 지금 당장 지천에 널린 행복을 빨리 주워 담는 습관을 들여야겠지.

오늘도 건강하고
힘차게 배낭을 메고 지천에 널린
즐거운 행복 많이많이 주워 담기를 간절히 바라는
엄마가

| 오늘의 주제 |

세 가지 질문

사랑하는 내 딸 안녕 ^&^

오늘 고생이 많았다. 긴 병상에서 다시 일어나 부대에 복귀하는 동생을 위해서 휴가까지 내고 함께 동행하여 가족의 화합도 다지고 우애를 돈독히 하여 주어 얼마나 고맙고 든든하였는지 모른다.

내 딸이 항상 진취적이고 바르게 정당하게 열심히 살아가려고 노력하는 자세가 정말 보기 좋단다. 그렇게 살아가는 모습이 자신에게 물론 좋은 일이겠지만 가족이나 주변 사람들에게도 본보기가 되니 참으로 모범생이라고 말해도 과언이 아니라 생각한다.

유명한 러시아 작가 톨스토이는,

1. 이 세상에서 가장 중요한 사람은 누구인가?
2. 이 세상에서 가장 중요한 일은 무엇인가?

3. 이 세상에서 가장 중요한 시간은 언제인가?
라는 세 가지 질문에

　1번의 질문에는 지금 내 옆에 있는 사람

　2번의 질문에는 지금 내가 하고 있는 일

　3번의 질문에 지금 이 시간이라고 말했단다.

　이 말은 정말로 공감이 가는 말이지. 항상 지금이 중요하다는 것을 깨닫게 하는 말이니까. 오늘 내 딸은 이 세 가지 질문에 모두 답이 되는 일을 실천한거야.

　내 옆에 있는 사람, 내가 하고 있는 일, 지금 이 시간 당연히 깨닫고 챙겨야 할 일들이지만 대부분의 사람들은 무심코 지나치는 일들이 참 많지. 중요하다고 말하는 것들 사실 대단한 것들도 아니야. 지금의 나, 현실, 시간을 중요하게 생각하며 슬기롭게 생활하면 되는 거지. 아무튼 오늘 고생이 많았고 덕분에 아빠, 엄마가 편하게 심심하지 않게 위로 받으며 태희 복귀식 잘 해주게 되었단다.

　정말 고맙다. 내 딸아.

　항상 건강하고 기쁨과 즐거움이

　늘 배가 되는 축복누리길 기원하며…….

2014년 9월 24일

엄마가

　　ps. 오늘은 바쁘다 보니 아침편지가 지연되었네.

| 오늘의 주제 |

건강을 위한 숙면방법

사랑하는 내 딸 안녕^&^

비개인 아침의 세상은 때를 말끔히 씻고 화장한 여인처럼 곱고 예쁘구나.

또한 농익은 9월의 가을하늘에 빛나는 금빛 기름진 햇살은 우리들 삶을 더욱 풍요롭게 만들고 있네.

어제의 피로로 아침에 출근은 잘했는지 궁금하네. 엄마도 어제는 눈도 뻑뻑하고 온몸이 저리고 피곤했는데 잠을 자고 아침에 일어나니 많이 맑아지더라구……. 그래서 피곤을 푸는 데는 숙면이 제일이라는 것을 새삼 느꼈어.

조물주는 참 신기하게 세상을 만든 것 같아. 우리의 몸을 쉬지 않고 쓰다가는 금방 상하게 되니까 잠이라는 것을 만들어 재충전하게 하고 건강을 유지하게 해 주잖아.

잠을 잘 자고 잘 먹고 잘 싸는 것은 건강유지의 필수야.

그래서 숙면취하는 방법과 불면증에 좋은 음식 자료가 있어 붙임으로 소개하니 참고 하여 날마다 뽀송뽀송한 건강유지 하길 바란다.

숙면을 취하는 방법

1. 잠은 규칙적으로…….

취침시간과 기상상간이 불규칙하게 되면 생체리듬이 깨져 잠을 자려해도 쉽게 잠이 오지 않거나 잠을 잔다 해도 숙면을 취하기 어렵다. 평소 정해진 시간에 잠자리에 들어 몸에 적응 시키면 우리 몸은 자는 시간을 기억하여 그 시간이 되면 쉽게 잠이 오게 된다.

2. 잠들기 전 술은 금물

흔히 잠이 오지 않을 때 술을 마시는 경우가 많은데 술을 마시면 쉽게 잠들 수는 있지만 깊은 잠에 들지는 못하게 되고 이뇨작용으로 인해 화장실을 자주가게 되어 숙면에 방해가 된다.

3. 잠들기 전 담배도 금물

담배의 니코틴은 중추신경 및 말초신경을 흥분시키고 뇌를 자극하여 숙면을 취하는데 방해가 된다.

4. 낮에 30분 이상 햇볕을 쬔다.

멜라토닌은 어두운 밤에 분비가 되고 해가 떠있는 낮 시간에는 분비가 억제된다. 낮에 햇빛을 충분히 받지 못하면 멜라토닌이 과다 분비돼 생체리듬에 혼란을 줄 수 있다. 낮에 충분히 햇빛을 받지 못하면 낮 시간에도 멜라토닌이 분비되어 밤에 분비되는 멜라토닌이 줄어들게 된다. 햇볕을 자주 쬐면 우리 몸에 활력을 주는 세로토닌이 분비되는데 이는 우울증예방에도 좋다. 흔히 "봄을 탄다"거나 "가을을 탄다"는 말이 있는데 봄에는 일조량이 증가하여 세로토닌의 분비가 촉진되어 의욕이 생기거나 기분이 좋아지고 가을에는 일조량이 줄어들면서 세로토닌의 분비도 줄어들어 우울감이 생기기 쉬워지기 때문이라고 한다.

5. 잠 잘 때는 정면보다는 오른쪽 옆으로 돌아눕는 것이 좋다.

스펀지에서 나온 내용인데 잠 잘 때 똑바로 정면을 보고 눕는 것보다 오른쪽 옆으로 누워 무릎을 구부린 자세가 숙면에 도움이 된다고 한다. 또 오른쪽으로 눕는 것이 간과 폐 기능을 좋게 하는데 도움이 된다고 한다.

6. 잠들기 6시간 전에는 카페인이 든 음식은 금물

커피나 홍차 등 카페인이 든 음식이 수면에 좋지 않다. 카페인은 각성상태를 초래하고 수면을 유도하는 신경 전달

물질인 아데노신의 작용을 억제 시킨다고 한다.

7. 잠 잘 때 손발을 따뜻하게

잠 잘 때 손발은 따뜻하게 하면 혈액순환이 원활하여 숙면에 도움이 된다고 한다. 그래서 요즘은 숙면을 위해 수면 양말을 신는 사람이 많다고 한다.

8. 명상

잠들기 전 명상을 통하여 긴장을 이완시켜주면 숙면에 도움이 된다.

9. 취침 전 목욕이나 족욕하기

목욕이나 족욕은 몸에 긴장을 풀어주고 혈액순환을 촉진시켜 숙면에 도움이 된다.

10. 잠들기 3시간 전에는 금식

음식을 소화시키는데 3시간 정도 걸린다. 잠들기 전에 음식을 먹으면 잠 잘 때도 장은 쉬지 못하고 음식을 소화시키게 되는데 이는 숙면에 방해가 된다. 또 배고픈 상태에도 신경이 날카로워져 수면을 취하기 어렵다. 그래서 식사시간과 취침시간을 잘 조절 하는 것이 좋다.

11. 물마시기

잠들기 직전에 물을 마시면 요의 때문에 숙면을 취하기

가 어렵지만 잠들기 한두 시간 전에 물을 충분히 마셔주면 수면을 방해하는 탈수현상을 예방할 수 있다.

12. 수면제는 금물
불면증이 심할 경우 수면제를 복용하기도 하는데 부작용이 있을 수도 있고 수면제에 대한 내성이나 의존 증을 나타낼 수 있어 반드시 의사의 처방에 따른다.

불면증에 좋은 음식

1. 산조인
산조인은 산 대추씨를 말하는데 신경을 안정시켜주는 작용이 있어 산조인을 볶아서 차로 달여 마시면 불면증에 효과가 있다. 또는 일반대추씨를 볶아서 가루를 내어 먹으면 효과가 있다고 한다.

2. 우유
우유에는 뇌를 진정 시켜주는 세르토닌이 풍부해서 자기 전 따뜻하게 데워 마시면 숙면을 취하는데 좋다.

3. 양파
양파의 유화알린성분은 신경안정과 혈액개선 작용을 해 불면증에 효과적이다.

4. 마늘
피로회복에 좋은 마늘은 몸을 따뜻하게 해주고 혈액순환을 원활하게 해 숙면에 도움이 된다고 한다.

5. 바나나
바나나의 칼슘성분은 잠을 유도하는 멜라토닌 분비를 촉진시켜 숙면에 도움이 된다.

6. 호두
호두의 레시틴과 칼슘은 신경과 뇌를 강화하고 노이로제나 불면증을 완화시켜준다.

7. 파
파는 마늘과 마찬가지로 몸을 따뜻하게 하고 혈액순환을 촉진시켜 숙면에 도움을 준다.

8. 상추
상추를 먹으면 잠이 온다는 말은 상추의 줄기에 락투세린과 락투신이 함유되어 있는데 이 성분들은 진통과 최면 효과가 있어 상추를 많이 먹으면 잠이 오게 된다고 한다.

9. 토란
토란에는 수면을 촉진시키는 멜라토닌 성분이 들어 있어 불면증에 효과가 있다.

10. 연근

연근도 토란과 같이 멜라토닌 성분이 들어 있어 불면증에 효과 적이고 연꽃의 종자를 뜻하는 연자육은 신경을 안정시키는 효과가 있어 한방에서 불면증을 치료하는 약재로 쓴다고 한다.

(출처: http://lifehelper.tistory.com/9)

오늘도 내 딸의 걸음걸음마다 금빛 기름진 햇살처럼 아름답고 즐거운 기쁨들이 함께하길 소망하며

사랑하는 엄마가

| 오늘의 주제 |

사소한 것에 연연하지 않는 10가지 지혜

사랑하는 내 딸 안녕 ^&^

우리가 살다보면 정작 신경 써야 될 일 보다도 불필요한 것에 더 집착하고 정신을 쏟는 경우가 더 많단다.

별로 중요하지 않은 일에 흥분하고 기분 나빠하며 금쪽같은 하루를 의미 없이 보내고 마는 경우가 참으로 많지.

그러한 것을 이미 알아채고 미국의 심리치료사이며 심리학자인 리처드 칼슨(Richard Carlson)은 "우리는 사소한 것에 목숨을 건다."라는 책을 집필하였단다.

그 책에 "사소한 것에 연연하지 않는 10가지 지혜"가 있는데 이것만이라도 알아두면 우리가 살아가는데 있어 분노조절이라든지, 자기 자신을 이해하는데 도움이 될 것 같아 소개하니 잘 읽어보고 참고하였으면 좋겠다는 생각을 한다.

------

1. '지금의 고민이 1년 후에도 유효한가?'라고 상상해보자.

인생의 원칙은 두 가지다.

첫째, 사소한 것에 연연하지 말라.

둘째, 모든 문제는 다 사소하다.

이것만 알면 삶의 평온함은 당신의 것이다.

2. 중요한 일부터 먼저 하라.

소중하고 중요한 일들을 미루다 보면 정작 중요한 일은 하나도 이루지 못한 채 인생은 사라져 버리는 것이다.

3. 불완전한 상태에 만족하라.

어떤 일에 최선을 다하는 것을 그만두라는 말이 아니다. 단지 지나치게 집착하고 그것에만 초점을 맞추는 데 문제가 있다는 뜻이다. 반드시 어떤 식으로 되어야 한다는 강박관념에 빠지려 할 때마다 자신에게 제동을 걸어라.

4. 매일 한번 이상 남을 칭찬하라.

마음은 있으나 실천하는 사람은 드물다. 자신이 상대를 얼마나 좋게 생각하는지를 들려주면 그런 말을 하는 사람 또한 마음에 기쁨이 넘치게 된다. 칭찬하는데 걸리는 시간은 불과 몇 초 밖에 안 되지만 듣는 사람이나 말하는 사람 모두에게 그 날 중 최고로 멋진 시간이 된다.

5. 자신에 대한 비판에 동의해 보라.

모두 당신의 유연성에 놀랄 것이다. 자신에 대한 비판에 적대적으로 대응하는 것은 오히려 상대에게 자신이 내린 결론이 정확하다는 확신을 갖게 만들 뿐이다.

6. 갖고 싶은 것, 대신 갖고 있는 것을 바라본다.

자신이 가진 것이 얼마나 많은지 종이에 적어보라. 건강하고 밝은 아이들, 화목하고 든든한 부모 형제, 배우자, 인정 많은 이웃들, 친구들. 현재 자신이 갖고 있는 것에 눈을 돌리면 행복은 늘 자신의 곁에 있다.

7. 성공의 의미를 새롭게 정의하라.

의미 있는 성취란 무엇일까. 큰돈을 버는 것? 승진하는 것? 인정을 받는 것? 오로지 외형과 물질적인 성취에만 집착하지 말고 인생에서 정말 중요한 것들이 무엇인지 고민하도록 하자.

8. 자랑하고 싶은 유혹을 떨쳐내라.

겸손과 내적 평화는 나란히 존재하는 것이다. 타인에게 자신의 유능함을 증명하려는 욕망이 적은 사람일수록 얼굴에 평온함이 가득하다. 자신의 능력을 증명하려고 애쓸수록 사람들은 등 뒤에서 흉을 보고 속으로 경멸한다.

9. 날아온 공을 반드시 잡을 필요는 없다.

미안하다고 거절을 한다고 해서 친구를 소중히 생각 않는다거나 무례하고 냉정한 사람이 되지는 않는다. 우리가 다른 사람 때문에 희생되었다고 느끼지 않도록 언제 어떤 공을 잡아야 할지 알아야 하고 선택해야 한다.

10. 자신을 제 1순위 채권자로 생각하라.
   금전계획을 세울 때 다른 청구서의 지불보다 먼저 자기 자신을 위해 지불하라. 다른 사람들의 돈을 다 갚을 때까지 저축을 미루게 되면 결국 자신을 위한 것은 아무 것도 남지 않는다. 자신을 돌볼 줄 모르는 사람은 결코 남을 도울 수 없다.

이것만 실천해도 쓸데없는 집착 때문에 후회하는 일은 없을 것 같구나. 정말로 쓸데없는 집착, 사소한 것에 목숨 걸다 보면 정작 중요한 것은 놓치고 마는 경우를 엄마도 많이 경험했단다.
   사소한 것은 그냥 사소한 것일 뿐이라 여기며 과감히 신선하게 집착을 버리는 습관을 기른다면 날마다 멋지고 아름다운 시간을 사용하게 될 거란 생각이 든다.

   사랑하는 내 딸
   오늘도 멋지고 아름다운 시간에 주사위를 던지고 지혜로운 행복을 맛보길 소망한다.

날마다 편지 쓰는 시간을 즐기며 엄마가

| 오늘의 주제 |

기부의 행복가치

사랑하는 내 딸 안녕^&^

우리 사는 세상은 많은 사람들이 경제적으로 어려운 고통 속에서 살고 있단다.

그래서 노블레스 오블리제라는 기업가의 사회적 책임을 암묵적으로 기대하고 있는 것이겠지……

아무리 돈이 많다고 해도 기부를 하라고 강요하는 사람은 없어. 기부는 스스로 결정하고 선택해서 하게 되는 거지.

그러한 기부가 기부한 사람에게 어떠한 기쁨과 행복을 주었는지에 대해서는 19세기 중반 석유 왕 록펠러 이야기가 아주 유명하지. 혹시 알고 있을지 모르겠지만 오늘은 록펠러의 이야기를 소개하고 싶구나.

많은 사람들이 작은 기부라도 습관화하여 기부문화를 정착시키고 더불어 함께 살아가는 행복의 기쁨을 다함께 누렸으면 좋겠다는 의미란다.

　미국의 대 실업가 록펠러는 50대 초반에 세계 최대 갑부가 되었지만 50대 중반에 탈모증처럼 머리카락과 눈썹이 빠지고 몸이 초췌하게 말라가는 알로피셔(alopecia)라는 불치병 진단을 받았다. 그는 당시 세계 제일의 부호였으나, 병으로 인하여 음식을 마음대로 먹을 수 없는 입장에 처해 있었다. 그래서 그의 1주일 동안의 식비는 2달러도 들지 않았다. 소량의 산화 밀크와 두 세 개의 크래커가 의사가 허락한 음식물의 전부였다. 그렇게 죽어가던 록펠러는 불치병으로 1년 이상 살지 못한다는 의사의 예언을 깨고 98세까지 장수를 누리는 기적을 얻었다. 그 이유를 살펴보면,

　록펠러는 오로지 돈벌이만 신경 쓰는 구두쇠였다고 한다. 그는 좋은 돈벌이가 있다는 뉴스를 들을 때 이외에는 결코 웃는 얼굴을 보인 적이 없었다고 한다.

　반면에 손해를 입었다고 하면 곧장 앓아누웠고, 1년에 5십만 달러 이상의 큰 거래를 하고 있었으면서도 불과 150달러의 보험금을 손해 봤다고 생병이 나서 침상에 눕기까지 했다고 한다.

　그에게는 운동이나 오락에 허비할 시간이 없었다. 다만 돈벌이와 주일 학교에서 봉사하는 시간만 허용했다고 한다.

　그 결과 33세에 백만장자, 43세에 미국의 최대부자가 되

었고, 53세에 세계 최대 갑부가 되었다고 한다.

그러나 그는 부자가 된 것에 만족해하지 않고 밤마다 침상에 누워서 "내 성공이 일시적인 것이 아닌가?", "고용인이나 동료들이 외부 사람들에게 사업상의 비밀을 누설하지 않을까?"라는 불안으로 잠을 이루지 못하고 늘 걱정과 불안 속에 살았다.

이처럼 그는 인간을 전혀 신용하려 들지 않았고 자신의 부를 잃을까봐 전전긍긍하다 급기야 불치병을 얻게 된 것이다.

마침내 의사들은 돈이냐, 생명이냐, 둘 중의 하나를 선택하라고 했고, 그는 최후 검진을 받기 위해 휠체어를 타고 병원에 갔다. 그는 병원 로비에 걸린 액자의 글을 읽게 된다.

"주는 자가 받는 자 보다 복이 있다."라는 내용을 보면서 강한 전율을 느꼈다고 한다. 선한기운이 온몸을 감싸는 느낌을 가지고 그동안의 자신을 되돌아보며 생각에 잠겨 있는데 입원비 문제로 다투는 소리를 듣게 되었단다.

병원비를 내지 않으면 입원이 안 된다는 병원 측과 현재 돈이 없지만 우선 입원시켜달라고 애원하는 어느 소녀환자 어머니와의 실랑이 소리였다.

그 광경을 목격한 룩펠러는 곧 비서를 시켜 전혀 모르는 환자의 병원비를 익명으로 지불하게 하였단다.

그로부터 얼마 후 병원비 신세를 진 소녀환자가 기적적으로 회복이 되었다는 소식을 접하게 되었단다.

록펠러는 그 기쁨이 얼마나 큰 행복으로 다가왔는지를 자신의 자서전에 "저는 살면서 이렇게 행복한 삶이 있는지 정말 몰랐습니다."라고 표현했다고 한다.

그 때 그는 나눔의 삶을 작정하고 수많은 기부를 하며 악랄한 기업가가 기부의 왕이 되었다고 한다. 그러한 기쁨 속에서 운동을 시작하고 꽃을 가꾸고 이웃 사람들과 잡담을 하며 카드놀이도 하고 노래도 하였다. 반성의 시간을 가지며 다른 사람의 일을 생각하는 배려심도 가지게 되었다.

그의 생애 처음으로 얼마만큼 돈을 벌 수 있는가의 생각을 접어두고 돈이 인간의 행복에 얼마만큼 소요되는 것인가를 깊이 생각하고 결국 록펠러는 그 막대한 재산을 다른 사람에게 퍼주기 시작하였다고 한다. 그러나 악명 높았던 기업가가 기부하는 것도 처음엔 쉬운 일이 아니었다고 한다.

그가 교회에 기부할 의사를 밝히면 전국에서는 부정한 돈에 손대지 말라는 부르짖음이 쏟아졌다고 한다. 그러나 아랑곳하지 않고 그는 계속하여 주었단다.

록펠러는 세계 방방곡곡에 이상으로 불타는 사람들에 의해 시작된 가지가지의 운동이 자금 결핍으로 인하여 중단

되고 있다는 것을 알고, 그들의 사업을 접수하는 것이 아니라, 인도주의 개척자들이 자립할 수 있도록 도왔다고 한다.(록펠러 이야기 출처: 카카오스토리)

이와 같이 재산을 기부함으로써 마음의 평화를 얻게 된 그는 신기하게도 병이 치유되고 98세까지 장수를 누리게 된 것이란다. 그의 인생 전반기 55년은 그의 재산과 그 무엇인가를 잃게 될까봐 근심과 불안으로 쫓기며 살았지만 결국 기부의 기쁨과 즐거움으로 인생 후반기 43년은 행복하게 살았다는 이야기가 많은 사람들에게 회자되며 기부가치의 중요성에 대하여 각인되고 있단다. 이처럼 마음의 행복은 병도 감히 접근하지 못하리라는 생각이 드는구나.

항상 기쁨과 행복을 허리춤에 꿰차고 다니길 바라며 건강과 안녕의 축복도 함께 누리길 바란다.

2014년 09월 27일
사랑하는 엄마가

| 오늘의 주제 |

다양한 세상을 이해할 수 있는 힘은 긍정과 사랑이다

사랑하는 내 딸 안녕^&^

비가 내리고 있구나. 어떤 사람은 비가 오면 좋다하고 어떤 사람은 비가 오면 싫다하고 세상은 이렇게 다양하게 생각하고 다양하게 이루어지며 다양한 결과를 내고 있지.

나와 다르다고 해서 그것은 옳지 않고 나와 같은 생각을 한다고 해서 그것은 옳다고 생각하는 것은 다양한 세상 속에서 지혜롭게 사는 방법이 아닌 것 같다는 생각이 든다.

감사준비로 많이 바쁘고 화나는 일도 있겠지만 긍정적으로 받아들이고 그 어려움을 즐기는 여유로운 마음을 가지면 더 좋지 않겠나 생각해본다.

물론 잘 참고 현명하게 대처하고 있는 것은 알지만 엄마는 사랑하는 내 딸이 언제나 명랑한 얼굴로 행복해 하는 모습을 그려본단다.

보내준 감동적인 이야기 잘 보았다. 어머니의 간절하고 무한한 사랑이, 죽음도 인정하지 않는 어머니의 용기가 사랑스런 아기를 살려내지 않았나 하는 생각이 든다. 그런 어머니의 행동은 대단한 감동이 아닐 수 없지.

그래서 사랑은 강철도 녹인다는 말이 생기지 않았나 하는 생각이 든다. 이렇게 진한 사랑의 마음이 내 딸에게도 상당히 내재 되어있다는 것을 엄마는 알고 있지.

그 사랑의 마음을 최대한 발휘하여 화나는 일이 있어도 잘 참고 긍정의 마인드로 늘 즐거운 생활을 이루어 내길 바란다.

항상 네 곁에는 사랑하는 남편과 우아, 엄마, 아빠, 태희, 그리고 할머니, 이모 등 많은 사람들이 너를 응원하고 너에게 힘찬 박수를 보내고 있다는 것을 염두에 두고 행복하게 살아가길 소망한다.

2014년 09월 29일

*오늘도 입가에 미소가 끊이지 않는
기적의 시간 이루길 기도하는 엄마가*

| 오늘의 주제 |

당당한 이별과 떳떳한 만남

사랑하는 내 딸 안녕^&^

9월의 마지막 날이구나.

9월은 가을에게 아름다운 옷을 지어주고 탐스러운 열매에 영양을 주었다. 또한 우리들에게 좋은 추억과 즐거움을 주고 열심히 본연의 임무를 다하였다. 그래서 비록 떠나지만 당당한 모습으로 10월의 문고리에 손을 내밀 수 있는 거겠지.

우리가 살아가면서 날이 바뀌고 달이 바뀌고 계절이 바뀔 때마다 느끼는 것은 과연 무엇일까?

엄마는 자연의 순리를 바라보면서 인간의 철학이 모두 담겨 있음을 알게 된단다.

자연은 언제나 이별도 당당하고 만남도 당당하지. 그것은 본연의 의무를 다했기 때문이 아닐까…….

아무 꺼리낌이 없는 자연처럼 우리 인간도 당당하고 희망찬 이별을 위해서 언제나 당면한 의무를 다하고 열심히 일하고 순리에 맞는 생활의 지혜를 배워야 한다는 생각이 든다.

이별에도, 만남에도 언제나 떳떳한 미소를 지을 수 있는 삶의 지혜를 자연에게 배워본다면 더욱 인생이 풍요로워질것 같다는 생각이 든다.

아름답고 살기 좋은 계절 9월을 보내며 쓴 시 보낸다.

오늘도 기쁨을 여미는 축복누리길 바라며
엄마가

가을의 씨앗

가향 이영숙

내 마음의 화분에
가을씨앗 하나 심었습니다.
국화처럼 노오란 낭만이 꽃피고
홍엽처럼 붉은 사랑이 꽃피고
들녘의 곡식처럼 풍요가 꽃피었습니다.

낭만의 꽃은 시를 쓰고
사랑의 꽃은 그림을 그렸습니다.

풍요의 꽃은 베풂과 나눔을 학습합니다.

아~ 신비로워라
아~ 아름다워라
아~ 풍요로워라

이 가을을 감탄하는 사람들은
기쁨과 즐거움을 여미며
파라다이스 행복을 좇습니다.

2014년 09월 30일
9월을 보내며

| 오늘의 주제 |

생각하기 나름

사랑하는 내 딸 안녕^&^

어제는 9월의 마지막 날, 오늘은 10월 첫날.

마지막이라는 단어는 우울하지만 첫날이라는 단어는 꿈을 품고 희망을 가지게 하는 느낌이 들지.

입학식날 새 책을 받고 새 공책을 펼친 느낌이 드는구나. 어떤 이야기와 어떤 일들을 공책에 적을까 생각하니 마음이 설레고 정말 보람 있고 유익하게 보내고 싶은 마음이 가득하단다.

사무실 창밖에 서있는 작은 소나무는 일 년 내내 변함없는 푸름으로 절개를 뽐내고 있는데, 그 소나무를 보니 초심을 잃지 말아야겠다는 생각이 든다.

언제나 처음처럼 다짐하고 처음처럼 행동하고 처음처럼 결과를 낸다는 것은 행운이며 기적이지. 그러려면 매사 긍정적이고 다시 한 번 곰곰 생각하는 습관도 중요할거라 생각해. 한 사례를 통해 생각하는 습관이 왜 중요한지를 공감해보자.

엄마가 아는 시인이 보내준 카톡 글인데 재미도 있고 공감할 수 있는 글이야.

아이고! 왜 그걸 몰랐을까?

평생을 혼자 살아 온 할아버지가 동네 놀이터 의자에 앉아 쉬고 있는데, 동네 꼬마들이 몰려와 옛날이야기를 해달라고 졸랐다. 할아버지는 씁쓸한 옛 생각을 하며 이야기를 꺼냈지. "얘들아, 옛날에 어떤 남자가 한 여자를 너무 사랑했단다. 그래서 그 남자는 용기를 내어 여자에게 결혼하자고 프러포즈를 했지. 그러자 그 여자는 '두 마리의 말과 다섯 마리의 소를 갖고 오면 결혼 하겠어요.'라고 대답 했단다. 두 마리의 말과 다섯 마리의 소를 사기 위해 남자는 열심히 돈을 벌었지만 돈이 모자라 여자와 결혼을 할 수가 없었단다. 결국 남자는 오십 년이 흘러 이제 할아버지가 되고 말았단다. 아직까지도 그 남자는 그 여자만을 사랑하고 있는데~."
할아버지의 이야기에 귀 기울이고 있던 한 꼬마가, "에이!~~" 하더니 대수롭지 않게 말했대. "할아버지, 두 마리의 말이랑 다섯 마리 소면 '두말 말고 오소.'라는 뜻이 아니어요?"

아이의 말에 할아버지는 소스라치게 놀라 무릎을 치면서 "오~~ 그렇구나! 그런 뜻이었구나! 아이고, 내가 그걸 왜 몰랐을까? 아이고, 벌써 오십년이 흘러 버렸네……. 아이고, 아이고오~~"

정말로 안타까운 일이지. 우리도 어떠한 일에 대하여 너무 깊이 생각 말고 센스와 지혜를 발휘하여 진정한 뜻이 무엇인지를 생각할 필요가 있어. 물론 깊이 생각하고 고려해야 될 일도 많지만 지혜가 필요한 일들도 많이 있지.

우리 인생! 그리 어렵게 살지 말자꾸나. 멀리 있을 것 같은 큰 진리도 실상 돌아보면 옛 부터 들어왔던 우리들 부모님의 잔소리보다 크게 다른 것 없지 않을 때가 많지.

할머니의 잔소리도 되새겨보면 쓸모 있는 말씀이 많이 있는 것처럼 말이다.

10월의 새 노트에 미소와 기쁨이 가득담긴 이야기가 빼곡히 기록되기를 기원하며,

2014년 10월 01일

사랑하는 엄마가

제4부

아직도 세상은 아름답다

| 오늘의 주제 |

아직도 세상은 아름답단다

사랑하는 내 딸 안녕^&^

어제 오늘 너무 바빠 아침편지가 늦었네. 점심은 맛있게 드셨어. 감사는 잘 끝났구?

엄마가 어느 밴드 글에서 봤는데 너무 가슴이 짠하고 감동적인 글이 있어 보내니 함께 감동의 물결에서 노를 저어 보자구나.

저는 서울에서 중고 컴퓨터 장사를 합니다. 얼마 전 저녁때 전화를 한 통 받았습니다.

"여기는 칠곡이라고 지방인데요. 6학년 딸애가 있는데 서울에서 할머니랑 같이 있구요. 사정이 넉넉하지 못해서 중고라도 있으면……."

통화 내내 말끝을 자신 없이 흐리셨습니다. 열흘이 지나서 쓸 만 한 게 생겼습니다. 전화 드려서 22만원이라고 했습니다. 3일 후에 찾아 갔습니다. 전화를 드리자, 다세대 건물 옆 귀퉁이 샷시 문에서 할머니 한 분이 손짓을 하십니다. 들어서자 지방에서 엄마가 보내준 생활비로 꾸려나가는 살림이 넉넉해 보이지는 않았습니다.

설치하고 테스트 하고 있는데 밖에서 소리가 들리더니 "어 컴퓨터다!" 하며 딸아이가 들어옵니다.

'너 공부 잘하라고 엄마가 사온 거여, 학원 다녀와서 실컷 해. 어여 갔다와…….'

설치가 끝나고 골목길 지나고 대로변에 들어서는데 아까 그 아이가 정류장에 서있습니다.

'어디로 가니? 아저씨가 태워줄께…….'

보통 이렇게 말하면 안탄다. 그러거나 망설이기 마련인데 '하계역이요~' 그러길래 제 방향과는 반대쪽이지만 태워 주기로 하였습니다. 한 10분 갔을까. 아이가 갑자기 화장실이 너무 급하다고 합니다.

'쫌만 더 가면 되는데 참으면 안돼?'

'그냥 세워 주시면 안돼요?'

패스트푸드점 건물이 보이길래 차를 세웠습니다.

'아저씨 그냥 먼저 가세요…….'

여기까지 온 거 기다리자 하고 담배 한대 물고 라이터를 집는 순간 가슴 속에서 '쿵~~' 하는 소리가 들렸습니다.

보조석 시트에 검 벌겋게 피가 묻어있는 것입니다.

'아차……. 첫 생리.'라고 생각이 들었습니다.

담뱃재가 반이 타 들어갈 정도로 속에서 '어쩌나~ 어쩌나~' 그러고만 있었습니다. 바지에 묻었고, 당장 처리할 물건도 없을 것이고, 아까 사정 봐서는 핸드폰도 분명 없을텐데……. 차에 비상등을 켜고 내려서 속옷 가게를 찾았습니다. 버스 중앙차로로 달렸습니다. 마음이 너무 급했습니다.

마음은 조급한데 별별 생각이 다 났습니다. 집사람한테 전화 했습니다.

'어디야?'

'나 광진구청.'

'지금 택시타고 빨리 청량리역……. 아니 걍 오면서 전화해. 내가 택시 찾아갈게.'

'왜? 뭔 일인데.'

집사람에게 이차 저차 얘기 다 했습니다. 온답니다. 아, 집사람이 구세주 같습니다.

'생리대 샀어?'

'속옷은?'

'사러 갈라고…….'

'바지도 하나 있어야 될 거 같은데…….'

'근처에서 치마 하나 사오고…….'

'편의점 가서 아기물티슈도 하나 사와…….'

'애 이름이 뭐야?'

'아. 애 이름을 몰라……. 들어가서 찾아봐…….'

집사람이 들어가니 화장실 세 칸 중에 한 칸이 닫혀 있더랍니다.

'얘, 있니? 애기야. 아까 컴퓨터 아저씨 부인 언니야.'

뭐라 뭐라 몇 마디 더 하자 안에서 기어들어가는 목소리로 '네……' 하더랍니다. 그때까지 그 안에서 혼자 소리 없이 울면서 낑낑대고 있었던 겁니다.

혼자 그 좁은 곳에서 어린애가 얼마나 외롭고 힘들었을까요. 차에서 기다리는데 문자가 왔습니다.

'5분 이따 나갈게. 잽싸게 꽃 한 다발 사와.'

이럴 때 뭘 의미하는지 몰라서 아무거나 이쁜 거 골라서 한 다발 사왔습니다. 둘이 나오는데 아이 눈이 팅팅 부어 있더군요. 집사람을 첨에 보고선 멋쩍게 웃더니 챙겨 간 것 보고 그때부터 막 울더랍니다. 집사람도 눈물 자국이 보였습니다. 저녁도 먹이려고 했는데 아이가 그냥 집에 가고 싶다고 합니다.

집에 돌아가는 도중 우리는 다시 돌아가 봉투에 10만원 넣어서 물건 값 계산 잘못 됐다고 하고 할머니 드리고 왔습니다. 나와서 차에 타자 집사람이 제 머리를 헝클며 '짜식~' 그랬습니다.

밤 11시 무렵 전화가 왔습니다. 아이 엄마입니다.

'네. 여기 칠곡인데요. 컴퓨터 구입한……'

이 첫마디 **빼고** 계속 아무 말씀도 하지 않으셨습니다. 저 역시 말 걸지 않고 그냥 전화기를 귀에 대고만 있었습니다.

(이야기 출처: 밴드)

후~~~ 숨 막히도록 정말 감동적이지 않니?

요즘 우리가 가장 많이 쓰는 말 중 세상이 오염됐고 자연이 오염됐고 마치 세상이 살지 못할 곳으로 전락된 것처럼 방송이나 매체에서 떠들어 대고 있는데, 아직도 이렇게 예쁘게 보람 있게 살고 있는 사람이 더 많다는 것에 희망이 있는 것이란다.

남의 딸 첫 생리를 축하하는 마음으로 꽃다발까지 안겨 주는 따뜻한 마음의 아내, 인정이 넘치는 남편, 참으로 본보기가 되는 부창부수의 부부지.

온 세상이 성폭행 범으로 득실거리는 것처럼 떠들어 대는 인터넷이나 방송을 무색하게 하는 감동적인 이야기로 다시 한 번 세상을 예쁘게 보려고 안구에 눈물 한 방울 쏟아내고 있단다.

바른아~~~

세상은 아직도 아름답단다. 살만한 곳이란다. 그 속에 아름답게 열심히 살고 있는 내 딸이 있어 더욱 소중하고 살고 싶어지는 것이란다.

오늘도 근사한 날, 멋진 날 되기 바란다. 건강과 기쁨의 미소 또한 멈추지 않기 바라며

2014년 10월 02일

엄마가

| 오늘의 주제 |

천천히, 그리고 꾸준히

사랑하는 내 딸 안녕^&^

오늘은 아침편지가 저녁편지가 되었네. 아침부터 매우 바빴거든 그런데 생각해보니 바쁘다는 거는 핑계 같다는 생각이드네.

자신이 계획하고 실천하려는 일은 최우선시 하여 처리하여야 된다는 생각이 든다.

아침에 30분~1시간만 일찍 일어나도 바쁘다는 말은 안 해도 될 것 같다는 거지. 성공한 인생을 살려면 남들처럼 잘 것 다자고, 쉴 것 다 쉬면 그냥 평범한 인생이겠지.

꼭 성공하려고 노력한다기 보다는 기왕에 사는 것 즐거운 느낌이 들도록 살면 더 행복해 지겠지.

그래서 위대하게 성공한 사람들의 습관 9가지 라는 글이 있어서 소개한다.

위대한 성공자들의 9가지 습관

1. 일찍 일어난다.

남들보다 먼저 일어나는 것은 하루를 어떻게 시작할지 미리 파악하고 자신만의 시간을 좀 더 가질 수 있게 한다.

2. 약속을 지킨다.

그것이 아무리 작은 것 일지라도 의미 있는 관계는 약속을 지키는데서 나오고, 성공은 다양한 믿을만한 관계에 기반 한다.

3. 스토리를 어떻게 얘기하는지를 배워야 한다.

큰 회사들은 스토리텔링을 브랜딩의 핵심으로 여긴다. 사람들의 기억 속에 남으려면, 뇌리에 박히려면 어떻게 의미 있는 이야기를 풀어나갈 지가 중요하다.

4. 이끌어라. 명령하지 말고.

리더와 보스의 차이점은 보스는 명령을 하고 리더는 가장 앞에서 솔선수범하며 이끈다는 점이다.

5. 실패를 두려워하지 마라.

결국 더 나은 것을 만들고 해내기 위해 실패가 있는 것이다. 아이들이 자신의 꿈과 방향을 찾을 때까지 수많은 방황과 실패를 하더라도 이를 지지해주는 것이 부모의 역할이며, 이는 우리 자신에게도 적용된다.

6. 끊임없이 질문해라. 엄청 많이.

"새로운 질문을 하는 것은, 새로운 가능성을 보는 것은, 새로운 각도로 생각하는 것은 창의적인 상상력을 수반하고 이는 과학 분야의 큰 진전을 가지고 온다."

7. 나와 남들에게 솔직해야 한다.

열정적이어야 하지만, 환상에 빠져 살아선 안 된다.

8. 휴식을 취해야 한다.

자신이 혼자 생각을 정비할 수 있는 시간을 주자.

9. 메모를 하고, 정리하자.

메모를 하고, 뭔가를 적어보는 것만큼 좋은 것은 없다. 생각을 정리할 뿐 아니라 내가 하고자 하는 것을 더욱 또렷하게 떠올려준다.

(출처: 구글)

위의 습관을 하나하나 읽어보니 성공한 사람들은 정말 평범하게 사는 사람들의 습관보다 많이 다르다는 것을 느낄 수 있지?

이 중에서 실천하기 쉬운 것부터 약속을 잘 지키는 것, 솔직해지는 것, 휴식을 취하는 것, 메모하고 정리하는 습관부터 실천해보고, 그 다음에 아침에 일찍 일어나는 것도 실천해보고 점진적으로 하나하나 따라 해본다면 '우리도 위대한 사람이 되지 않을까?'라는 생각을 해본다. 후후

하루아침에 이루어지는 일 없듯이 천천히, 그리고 꾸준히 하는 습관을 기르고, 몸으로 실천한다면 어느 날에는 정상궤도에 오르고 말거야. 천천히·꾸준히 하는 습관, 우리 하이파이브 하자.

오늘도 건강한 미소로 행복한 시간 여미길 바라며

엄마가

| 오늘의 주제 |

삶의 언저리

사랑하는 내 딸 안녕^&^

하늘 점점 높아지고 구름 더욱 맑아지니 가을이 무르익는다. 산과 들의 식물들도 따사로운 햇살과 소곤소곤 가을 이야기 한창이다. 이렇게 자연은 아름다운데 사람들은 삶의 언저리에 서서 고군분투하며 전쟁을 하고 있단다.

라디오 파는 아저씨
"오천곡이 들어있습니다. 하나 사세요."
사무실 여기저기 돌아다니며 직원들에게 권유한다.
"있어요.", "샀어요.", "안사요.", "비싸요." 등
대답도 여러 가지다.

구두닦이 아주머니
"구두 닦을 분 없으세요?"

여기저기서
"닦아주세요.", "굽 고쳐주세요.", "근데 값이 많이 올랐나 봐요."
아주머니 말씀, 재료값이 많이 올랐단다. 그래도 손님이 많아 엉덩이 실룩거리며 발걸음이 가볍다.

카드모집 젊은 남자
카드 하나 만들면 명품가방 준단다. 내비게이션 준단다.
"있어요, 안 해요."
뒷모습이 처량하다. 어깨가 천근만근 보인다. 아침에 출근하면서 분명 "아빠 다녀올게, 돈 많이 벌어 올게."라고 자녀들에게 인사하고 약속하고 나왔을 텐데……. 어쩌누…….

보험모집 중년 여자 설계사들
이 눈치, 저 눈치 살피며 바쁘게 일하는 직원들에게 접근하며 보험설계 하지만 오늘도 한건도 못하고 돌아가는 뒷모습 발걸음이 무겁다.

양말, 스타킹, 칫솔, 치약, 때타올, 행주 온갖 잡동사니, 자신의 몸보다 큰 이동식 잡화가방을 밀고 들어와 행상아주머니는 눈이 마주치는 사람들에게 미소만 짓고 있다. 사라고도 않는다.

여직원들이 스타킹과 양말을 산다. 돌아가는 잡화가방이 신나게 웃는다.

책상머리 앉은 공무원들도 편한 것만은 아니다. 아침부터 찾아온 민원인들이 공무원을 자기 자녀 꾸중하듯 한다. 그것도 정당한 권리도 아니고 완전히 생떼다.
옛날에 죽은 자기 언니 찾아내라. 아버지 찾아내라. 밤마다 죽은 언니가 자기 아랫도리로 들어와 괴롭힌단다.

자기재산을 죽은 언니가 와서 다 빼돌린다고 언니 찾아내라고 한 시간 이상 세무직원 가족관계담당직원을 왔다갔다. 괴롭히더니 급기야 청장실로 간단다.

교도소에 수감 중인 어떤 사람은
편지로 자기가 교도소에 있으니 부인이 바람난 것 같다. 그러니 집에다 CCTV 달아달란다. 그러더니 자기 부인이 혼자 있으니 집에다 컴퓨터라도 한대 설치해달란다.
공무원이 완전 봉이다. 이밖에도 어이없는 일들이 차곡차곡 쌓인다.

이렇게 엄마 사무실은 날마다 리드미컬하게 시끌벅적 하루가 지나간단다.

많은 사람들의 삶의 편린들을 보면서 한눈에 인간의 삶이 고통이라는 것을 본단다.

　세상에는 물질적, 정신적으로 고통 받으며 사는 사람들도 참 많은 것을 볼 수 있단다. 그러나 열심히 살려고 노력하는 사람들을 보며 온전한 정신을 가다듬어 본단다.

　온전한 정신으로 살아갈 수 있다는 것에 감사하게 생각하자. 날마다 겸손하게 살아가자고 다짐해본단다.

> 오늘도 함박웃음번지는 하루되시길 바라며
> 　　　　　사랑하는 엄마가

| 오늘의 주제 |

분노 조절

    징기스칸은 항상 자신의 어깨에 앉아 있는 매를 친구로 생각하였다. 어느 날 사막에서 물통에 담겨있는 물을 조그만 종지로 먹으려고 하는데 매가 물을 엎질렀다.

    목말라 죽겠는데 물을 마시려고 하기만 하면 매가 계속 엎지르는 것이다.

    일국의 칸이며, 부하들도 보고 있는데, 물을 먹으려 하면 매가 계속해서 엎질러버리니 매우 화가 났다.

    한 번만 더 그러면 죽여 버리리라, 마음을 먹었다.

    그런데 매는 물을 또 엎질렀다. 극도로 화가 난 징기스칸은 결국 매를 칼로 베어 죽여 버렸다.

    그리고 일어나서 물통을 보니 물통 속에 맹독사가 내장이 터져 죽어있는 것이었다.

    결국 물을 먹었더라면 즉사할 수도 있었을 것이다. 그것을 이미 알고 매는 자꾸 물을 엎어버렸던 것이다.

그는 친구(매)의 죽음을 크게 슬퍼하고, 죽은 매를 가지고 돌아와 금으로 동상을 만들고, 한 쪽 날개에 "분개하여 판단하면 반드시 패하리라."

다른 날개에는 "좀 잘못한 일이 있더라도 벗은 벗이다."라고 새겨 넣었다고 한다.(이야기 출처: 구글)

사랑하는 내 딸 바른아~~

우리가 살다보면 사소한 일로도 화가 많이 날 때가 있지. 그 "화"라는 놈은 우리에게 아무런 쓸모가 없는 놈이야. 몸 건강에도, 정신건강에도 많은 악영향을 미치지.

때로는 징기스칸처럼 돌이 킬 수 없는 일을 저지르고 말게 하지. 이러한 사례를 가슴에 새기어 분노를 삭이고 화를 참아내는 인내를 기르는 습관은,

우리에게 건강을 지켜주고 "된 사람"이라는 좋은 이미지를 심어 줄거라 생각한다.

오늘도 물러가라 나쁜 화야~~~ 라고 외치며

즐겁고 행복한 시간 누리기를 기도한다.

엄마가

| 오늘의 주제 |

인맥관리

"레이먼드 조"라는 사람이 쓴 "관계의 힘"이라는 책에 이런 글이 있다.

"새로운 인맥을 만드는 것보다는 기존의 인맥을 관리하는 것이 더욱 효과적이다.
인맥의 과부하로 인생을 낭비 마라.
인맥을 양이 아닌 질로 측정하라.
만 명의 인맥보다 마음을 나눌 수 있는 한 명의 친구가 더 가치 있다. 그런 친구를 가지고 있다면 당신은 성공한 것이다."

이 글은 우리가 살아가면서 인간관계와 인맥관리 하는데 아주 좋은 글인 것 같아 소개한다.

양보다 질이냐. 질보다 양이냐 라는 말이 있지. 물론, 때에 따라 양이 중요 할 때도 간혹 있겠지만 엄마의 생각은 질이 더 중요한 것이 아닌가 생각한다.

물건을 살 때도 양에 현혹되어 1+1을 선택 할 때가 있었는데 그때마다 잘 쓰지 못하고 후회했단다. 그러한 물건은 항상 질이 좋지 않아 버리게 되는 일이 많았지. 이처럼 인간관계도 양보다 질이 중요하단다.

인간관계도 무조건 막 사귀다 보면 자신이 피곤할 때가 많단다. 우리 주변에도 보면 이모임, 저모임 다 다니면서 피곤하게 살더니 결국은 마음에 상처입고 모임 줄이고 인맥 줄이는 것을 많이 보았단다.

좋은 친구, 좋은 인연은 자신의 인생에 많은 도움이 되고 또한 행복과 즐거움을 준다는 것을 명심하여 인맥관리와 인간관계에 신경을 써보자.

서로가 좋은 인연으로 남는다는 것, 그것은 행운이고 기적이 아닌지 생각해 본다.

누구의 좋은 기억 속에 내가 살아있고 나의 좋은 기억 속에 살아있는 친구와 지인이 누구인지 선별하여 관리에 들어 가보자.

오늘도 미소가 파도처럼 출렁이는 즐거운 시간 누리기를 바라며

사랑하는 엄마가

| 오늘의 주제 |

우리가 자주 만나야 할 사람들

사랑하는 내 딸 안녕^&^

"인간은 사회적 동물이다."라고 아리스토텔레스가 말 한 것처럼 우리는 살아가면서 많은 사람들과 인연을 두고 교우하며 지내게 되지. 그래서 사회적 동물일수 밖에 없는 거지. 그러나 만나는 사람 중에는 다시 보고싶지 않다거나 때로는 자주 만날 수는 없지만 항상 마음속에 보고 싶은 사람들로 부류가 나누어져 있지,

아무리 바빠도 우리가 자주 만나야 할 사람들은 누구인가 생각해 보게 되는데 어느 사이트에 이런 사람은 자주 만나도 될 사람이라는 글이 있더라.

---

1. '이메일, 편지, 카톡, 전화로 인사를 보내는 사람'과 만나라.
   - 그 사람은 항상 당신을 생각하고 있다.

2. '내일을 이야기하는 사람'과 만나라.
   - 그 사람은 반드시 성공한다.

3. '내 이야기를 잘 들어주는 사람'과 만나라.
   - 그 사람은 나를 치유해 주는 사람이다.

4. '확신에 찬 말을 하는 사람'과 만나라.
   - 그 사람은 기준 잡힌 인생을 사는 사람이다.

5. '살아 있음에 감사하는 사람'과 만나라.
   - 그 사람은 주위를 항상 따뜻하게 해 주는 사람이다.

6. '아무리 작은 일도 소중히 여기는 사람'과 만나라.
   - 그 사람은 작은 행복이 자주 일어나는 사람이다.

7. '생각만 해도 대단하다고 느끼는 사람'과 만나라.
   - 그 사람은 시대를 이끌어 갈 사람이다.

8. '독서와 사색을 즐기는 사람'과 만나라.
   - 그 사람에게는 항상 배울 것이 많은 사람이다.

9. '언제나 밝게 웃는 사람'과 만나라.
   - 그 사람은 멀리 있는 복도 찾아오게 하는 사람이다.

10. '부지런히 일하는 사람'과 만나라.
    - 그 사람은 삶이 항상 풍요롭다.

(출처: 좋은글)

이상 10가지 중 하나라도 실천하는 사람을 자주 만난다면 인생에 도움이 될 거라는 생각을 해보았어.

나와 공감하고 항상 나를 생각해주고 나를 인정해주는 사람 그런 사람은 완전 나의 편이기에 만나면 편안하고 헤어지기 싫은 사람이지.

그런 사람들이 내 딸 주변에 많이 있기를 소망하며

사랑하는 엄마가

| 오늘의 주제 |

사랑받는 사람의 비밀

사람이 살면서 남에게 인정받고 사랑받는 것은 행복한 일이지. 가정이나 직장, 주변 사람들 사이에서 꽤나 인기 있는 사람들이 종종 있지. 그런 사람들은 어떤 재주가 있는 것일까 궁금하기도 하고 공통점이 무엇인가를 한번 생각해 볼 수 있지.

일본의 정신 의학자 사이토 시게타가 쓴
"사랑받는 사람들의 9가지 공통점"이란 책에 보면,
사랑받기의 가장 중요한 비밀은 바로 "자신을 사랑하는 것"이다. 라고 되어 있는데 자신을 사랑하면서 남들에게도 사랑받는 대표적인 비밀은

1. 남에게 무리한 요구를 하지 않는다.
다른 이의 마음을 헤아릴 줄 아는 사람은 사랑받는다.

또 너무 완벽을 추구하지 않고 알맞게 너그러우며 인생을 80퍼센트로 사는 사람에게는 편안함과 여유가 느껴지는데, 이런 사람은 남에게도 지나친 요구를 하지 않으며, 과잉 친절이나 배려로 부담을 주지 않는다.

내 딸도 남에게 무리한 부탁은 절대로 안하지. 그러나 너무 완벽하려고 하니까. 거기에서 오히려 마이너스가 되지 않나 하는 생각이 든다.

2. 기다릴 줄 안다.

사람들에게 사랑받는 사람은 기다려야하는 시간을 헛되다고 생각하지 않고, 오히려 즐거운 시간으로 바꾼다.

모임에서 늦는 사람이 있을 때 불평하는 사람이 있는가 하면, 즐거운 이야기로 지루한 시간을 잊게 만드는 사람이 있다. 과연 누가 더 인기가 좋을까?

기왕에 늦은 거 늦은 사람이 미안하지 않게 배려하는 사람이 물론 더 인기가 많겠지. 그런데 대부분의 사람은 짜증을 내거나 불평을 많이 하지.

3. 의지가 된다.

무슨 일이 생겼을 때 든든한 의논 상대가 되어 주는 사람은 대개 인내심이 강하고 일관성이 있는 사람이다.

그들은 남의 실패도 진심으로 걱정해 주며 다른 사람에 대한 험담이나 나쁜 소문이 돌았을 때 퍼뜨리지 않고 자기 자신에게서 멈춘다. 위로나 충고를 할 때에는 상대방의 입장을 충분히 생각한 뒤 감정에 치우치지 않고 객관적으로 말해준다.

사람들은 이런 이에게 신뢰감을 느끼고 마음을 털어놓는다. 남의 기쁨을 진실 된 마음으로 축하해주는 사람을 더 의지하게 되겠지…….

4. 다른 사람을 높여준다.
누구에게나 한 가지 좋은 점은 있게 마련이다. 사람들은 남의 단점보다는 장점을 찾아내고 이를 칭찬할 줄 아는 사람을 좋아한다.

하지만 무턱대고 칭찬하는 것이 아니라 상대를 잘 이해하고 개성이나 약점까지도 감싸줄 줄 알아야 한다.

그런데 대부분의 사람들은 남을 깎아 내리는데 급급하지……. 칭찬은 인색하고 남의 단점을 이야기 하는 데는 너그럽지. 그래서 이 작가가 이런 책을 썼나봐.

"그러나 만약 내가 나 자신을 싫어한다면 다른 사람이 나를 좋아할까? 무엇보다도 자기 자신을 사랑하면서 나를 높이는 것이 중요하다."고 작가는 강력히 주장한다.

사랑하는 내 딸 바른아~

이 세상은 자기 자신이 있어서 굴러가는 거란다. 자기 자신이 없다면 세상을 볼 수 없지. 아무리 좋은 것도 가질 수 없고 볼 수 없지. 그래서 자기 자신이 중요한 거란다. 그래서 자기 자신을 스스로 아끼고 사랑해야 한단다.

가장 사랑하는 사람은 엄마도 아니고 남편도 아니고 자식도 아니고 바로 너 자신이란다.

네가 너의 애인이 되어서 위로해주고 안아주고 날마다 "사랑해 바른아"라고 용기를 북돋으며 살아가길 바란다.

엄마도 그렇게 하며 살려고 노력한단다.

늘 미소와 기쁨도 함께 하길 바라며

엄마가

| 오늘의 주제 |

감동적인 말은 사람의 마음을 움직인다

　사람들은 말을 하고 글을 쓰면서, 또는 몸짓으로 자신의 의사를 전달하고 소통을 하며 살아가지. 그중 가장 의사소통이 원활 한 것은 말이라 하겠지. 시장에 가면 호객행위 하시는 분들이 "말만 잘하면 덤을 하나 더 줍니다."
　"말만 잘하면 공짜예요."라면서 시선 끌기 하는 것도 말의 중요성을 말함이겠지. 그것을 증명해주는 일화도 있단다.
　한 맹인이 길거리에 앉아 구걸하고 있었다.
　"나는 장님입니다. 도와주세요."라고 쓴 팻말을 옆에 두었지만, 대부분의 사람들은 도와주지 않고 거의 그냥 지나쳐갔다.
　그런데 한 여성이 그 맹인의 앞을 지나가다가 다시 돌아와 멈춰 섰다. 그리고는 맹인 옆에 있던 팻말에다 무언가를 열심히 적고는 다시 원래 있던 자리에 놓아두고 뒤에 서서 지켜보았다. 그 이후 갑자기, 사람들이 너도 나도 할 것 없이 몰려와서 돈을 주었다. 잠시 후 맹인이 팻말의 글 내용을 고쳐 적은 그 여성에게 물었다.

"나의 종이팻말에 뭐라고 쓰셨나요?"

그 여성이 대답했다.

"아름다운 날입니다. 그러나 난 그걸 볼 수 없네요."라고 썼습니다.

"말은 다르지만 본래의 뜻은 같지요."

맹인은 감동하며 그 여성에게 감사하다고 말했다. 그 여성은 사람들이 맹인을 도와주는 것을 보고 난후 다시 자기 갈 길을 갔다는 이야기가 있단다.(이야기 출처: 유투브 동영상 "나는 장님입니다")

사랑하는 내 딸 바른아~~~

이렇게 말에 따라서 사람의 마음을 움직이게 하고 때론 마음의 문을 닫게 하거나 무관심하게 하지. 그래서 상대방에게 기분 상하지 않는 말로 골라서 하고 감동을 자극시키는 말로 사람의 마음을 움직이는 화술이 필요 하단다.

그것은 우리사회에서 질서를 지키는 기초가 되며 예의를 지키는 가장 우선인 방법이라 할 수 있다고 본다.

"말 한마디에 천 냥 빚 갚는다."는 옛날 속담도 그래서 생긴 말이 아닌지 생각이 드는구나.

진실이 담긴 말은 그 누구와도 소통할 수 있다는 것을 깨닫게 하지. 많은 사람들이 "말은 기도이며 주문"이라고들 하는 이유도 여기에 있는 것이라 여겨진다.

그래서 말을 할 때 항상 3초 정도는 생각하고 말하라는 교육도 있는 거겠지.

엄마는 생각했단다. 고운 말과 바른말을 쓰게 되면 범죄도 일어나지 않을 것이고 다툼도 일어나지 않을 것이고 더 나아가 얼굴에 미소가 항상 떠나지 않을 것이라고……

오늘도 예쁘고 고운 말 많이 쓰고 기분좋은날 이어가길 바란다.

사랑하는 엄마가

| 오늘의 주제 |

진정으로 자신을 사랑하는 법

사랑하는 내 딸 안녕^&^

오늘도 얼마나 많이 자신을 생각하며 살았는지 되짚어 보았니? 스스로를 위해서 얼마나 많은 투자를 했는지 생각해 보았니?

스스로를 위해서 얼마나 많이 웃고 스스로에게 얼마나 좋은 서비스를 해주었는지 생각해 보았니? 살다보면 자신을 잃어버리고 사는 시간들이 더 많지. 특히 결혼을 했으니 남편과 아이들 챙기고 회사일 하다보면 자신을 돌아볼 겨를이 더욱 없겠지. 그래서 자신을 사랑하는 법이라는 글을 보고 소개한다.

"항상 자신이 심심하지 않도록 취미를 만들어주고, 좋은 친구를 사귀어서 외롭지 않게 해주고, 가끔은 멋진 식당에서 근사하고 품위 있게 식사를 하며 자신에게 선물을 주고,

많은 사람과 어울려도 꿀리지 않는 해박한 지식을 쌓도록 많은 책을 읽고, 아침마다 거울을 보며 '파이팅' 외쳐서 하루를 활기차게 만들어 주고, 신발만은 좋은 걸 신어 좋은 곳에 데려다주게 하고, 미래에 자신이 위험하지 않도록 저축으로 대비하고 건강을 유지하도록 하루 30분씩 꼭 산책을 하고, 부모님께 잘해서 이다음에 후회하지 않도록 하고, 예쁜 꽃들을 주위에 꽂아두고 향기를 맡을 수 있게 해 주고, 넘어졌을 때 다시 일어날 수 있도록 자신을 훈련시켜주고, 너무 많이 속상할 때는 속에 담아두지 않도록 가끔은 펑펑 울어 주고, 누군가에게 섭섭한 일이 있어도 용서해 줌으로써 자신의 마음을 편하게 해줘야 한다."(출처: 구글)

이러한 지침을 따라하려고 노력하면서 산다면, 자신을 가장 아끼며 사랑하는데 부족함은 없을 것이라 생각한다.

하루를 시작하면서 거울을 보며 미소도 지어보고 "아자아자 바른이 화이팅"이라 외쳐보고, 하루를 마치고서는 자신의 가슴에 손을 얹고 "바른아 오늘 정말 수고 많았다. 그리고 정말 잘 지내 주어서 고맙다."라고 말하며 토닥토닥 격려해준다면 하루의 피로가 씻은 듯이 풀어지고, 내일을 위한 충전이 빵빵하게 될 거야.

날마다 자신을 사랑하는 내 딸이 되기를 바라며
엄마가

| 오늘의 주제 |

원칙과 약속의 중요성

　　2009년도 버락 오바마 미국 대통령이 부인을 동반하지 않고 한국을 방문한 일이 있었단다.

　　한 국가의 원수로서 영부인을 동반하지 않고 방문하는 사례는 전례 없던 일이었지. 그런데 영부인이 대통령과 함께 방문하지 않은 이유가 1주일에 이틀은 외부활동을 전혀 하지 않고 자녀들과 시간을 함께 하기로 약속하였기 때문이었단다.

　　이 이야기를 듣고 정말 대단하고 특별하다는 생각을 했었단다. 그래서 "과연 영부인이구나."라는 생각도 했단다.

　　대부분의 부모들은 아이들과 약속을 해놓고 지키지 않는 일이 많은데 참으로 존경스럽다는 생각을 하게 되었지. 이러한 어머니 밑에서 자란 아이들은 약속을 지키는 것에 대해서 상당히 중요하게 생각할 것이고 어머니에 대한 존경심이 쑥쑥 자랄 수 있겠다는 생각을 해보았단다.

훌륭한 어머니 한분이 백사람의 선생과 맞먹는다는 교육학자 헤르바르트의 말을 여실히 증명해 주는 거겠지.

맹자 어머니의 그 유명한 맹모삼천지교, 링컨의 어머니 낸시여사(계모), 나폴레옹의 어머니 루티치아, 성 어거스틴의 어머니 모니카, 한석봉 어머니, 율곡의 어머니 신사임당, 안중근의 어머니 조마리아 여사 등 "어머니"라는 성스러운 이름으로 지혜롭고 성실한 교육으로 자식을 성공시킨 것이었지.

이처럼 훌륭하신 분들의 뒤에는 반드시 위대한 어머니가 있었다는 것이야.

특히 안중근 열사가 이토 히로부미를 사살한 뒤 일제에 의해 사형 판결을 받자 항소하지 말라고 권했다는 안중근의 어머니 조마리아 여사님의 편지는 지금도 많은 이들에게 교훈적인 자료로 쓰여 지고 있단다.

조마리아 여사님은,
"네가 어미보다 먼저 죽은 것을 불효라고 생각하면 이 어미는 웃음거리가 될 것이다. 너의 죽음은 너 한사람 것이 아니라, 조선인 전체의 공분을 짊어진 것이다. 네가 항소를 한다면 그건 일제에 목숨을 구걸하는 것이다. 네가 나라를 위해 이에 딴 맘 먹지말고 죽으라. 옳은 일을 하고 받은 형이니 비겁하게 삶을 구하지 말고 대의에 죽는 것이 어미에 대한 효도다. 아마도 이 어미가 쓰는 마지막 편지가 될 것이다. 너의 수의를 지어 보내니 이 옷을 입고 가거라. 어미는 현세에 재회하길 기대하지 않으니 다음 세상에는 선량한 천부의 아들이 되어 이 세상에 나 오거라."라는 내용으로 아들에게 편지를 보냈다.

결국 아들이 처형된 뒤 중국 상하이에서 당시 임시정부 인사들에게 여러 가지로 도움을 주며 독립운동의 정신적 지주로 불렸을 정도로 대한민국 독립을 위하여 아들을 대신하였다고 한다. 이에 대한민국 정부는 2008년 8월 조마리아 여사님에게 건국훈장 애족장을 수여했다고 한다.

이와 같이 안중근 의사가 의롭게 죽을 수 있었던 것은 어머니 조마리아 여사님의 훌륭한 교육이 있었기 때문일 것이다.

우리가 살면서 자아실현이라는 말을 많이 하지. 스스로 성공하는 것은 스스로를 위해서도 좋은 일이지만 그것은 곧 부모에게 효도하는 길이란다.

부모에게 효도하는 것도 좋은 것이지만 대의를 위하여 의롭게 죽을 수 있는 마음의 각오를 다지며 의로운 사람이 되는 것이 진정한 자아실현이라고 볼 수 있는 것이지.

지혜롭고 다정한 모습으로 바라보는 시우시아의 엄마모

습을 그려본단다.

  의롭게 성공한 유시우의 엄마, 유시아의 엄마 그 뒤에는 한바른 여사란 이름이 반드시 따라 붙어 다닐 거란다.

  행복한 미래를 꿈꾸며 그리고 그것을 향하여 꾸준히 달리는 건강한 마라토너가 되기를 기도하며…….

사랑하는 엄마가

| 오늘의 주제 |

명언을 통하여 깨닫는 시간의 중요성

사랑하는 내 딸 안녕^&^

요즘 엄마가 아침편지 보내는 것이 소홀했네…….

사실 소홀한 것은 아니고 주말 이틀을 집밖에 있었더니 여러 가지로 일이 중첩되어서 이제야 글을 쓰네. 그래도 밀린 편지는 날짜별로 다 쓰려고 해.

우리는 살면서 시간이라는 것을 소용하지. 하지만 그 시간의 중요성과 감사에 대하여는 인색하지 않나 생각해 보았다.

눈을 뜨면 얻어지는 것이 시간이니까.

돈을 안주고도 얻는 것이 시간이니까.

그것을 얻는 것에, 쓰는 것에 대하여 당연하게 생각하는 거겠지. 그러나 이 귀중한 시간을 그냥 무의미하게 흘려보내는 것보다 짜임새 있게 사용하면 정말로 유익한 인생이 될 거라는 생각이 든다.

우리가 사용하는 시간이 쌓여서 우리 인생을 만드는 거니까 시간의 중요성을 깨닫는 것은 삶의 지혜를 얻는 것이 될 것 같아. 그 시간의 중요성을 몇몇 선구자들은 다음과 같이 말했단다.

"독일의 뛰어난 극작가 F. 실러(Friedrich von Schiller)는,
"시간의 걸음걸이에는 세 가지가 있다. 미래는 주저하면서 다가오고, 현재는 화살처럼 날아가고, 과거는 영원히 정지하고 있다."
스위스 철학자 앙리 프레데리크 아미엘은,
"오늘 하루를 헛되이 보냈다면 그것은 커다란 손실이다. 하루를 유익하게 보낸 사람은 하루의 보물을 파낸 것이다. 하루를 헛되이 보냄은 내 몸을 헛되이 소모하고 있다는 것을 기억해야 한다."
미국 역사상 가장 위대한 인물이라고 하는 벤자민 프랭클린은,
"세월이 지난 뒤에 보면 어떤 사람은 뛰어나고 어떤 사람은 낙오자가 되어 있다. 이 두 사람의 거리는 좀처럼 접근할 수 없는 것이 되어 버렸다. 이것은 하루하루 주어진 시간을 잘 이용했느냐, 이용하지 않고 허송세월을 보냈

느냐에 달려 있다."

작은아씨들의 저자이며 미국의 여류 소설가 루이자 메이 올콧은,

"일하는 시간과 노는 시간을 뚜렷이 구분하라. 시간의 중요성을 이해하고 매 순간을 즐겁게 보내고 유용하게 활용하라. 그러면 젊은 날은 유쾌함으로 가득 찰 것이고 늙어서도 후회할 일이 적어질 것이며 비록 가난할 때라도 인생을 아름답게 살아갈 수 있다."라고 했다."(이야기 출처: 카카오 스토리)

위와 같은 명사들의 시간의 중요성 논리는 정말로 다시 한 번 우리들에게 시간의 중요성을 특별히 인식하게 하고 후회 없는 인생을 위하여 철저한 시간관리가 필요하다는 것을 일깨워 주지.

이처럼 우리도 쉴 때는 즐겁게 확실하게 쉬면서 다시 일할 수 있는 재충전에 최선을 다하고, 일 할 때는 땀 흘리며 열심히 일하는 습관을 가져서 후회 없는 인생을 만들도록 노력해보자.

"시간은 금이다."라는 말을 다짐하여 오늘의 시간도 짜임새 있게 계획하여 훌륭한 하루 보내길 소망하며…….

사랑하는 엄마가

| 오늘의 주제 |
성공을 위한 주문

사람은 누구나 부자가 되고 싶어 하고 성공하고 싶은 욕망이 없는 사람은 없을 거란 생각을 해보았다. 그런데 그 성공을 위해서 무엇을 어떻게 할까? 라는 문제를 안고 누구든 한번쯤 고민에 빠져보았을 것이다.

그 방법은 날마다 기도하듯 꾸준히 아래와 같은 자기주문을 하는 사람은 성공할 가능성이 높다고 한다.

"나는 자신감에 넘친다.

나는 끈기 있다.

나는 열정적이다.

나는 상상력이 풍부하다.

나는 활기차다.

나는 부지런하다.

나는 대담하다.

나는 긍정적이다.

나는 직관적이다.

나는 기민하다.

나는 설득력 있다.

나는 신뢰감을 준다.

나는 믿음직하다.

나는 과감하다.

나는 유머가 풍부하다.

나는 여유가 있다."(출처: 구글)

그러나 이와 같은 말로 기도만 하고 주문만 외워서 성공할 사람은 아무도 없으리라 생각한다.

자기암시를 걸어놓고 간절한 마음으로 매일 같이 되 뇌이면서 기도의 말을 행동화 하고 그것을 실천하도록 노력하는 사람만이 성공을 이룰 수 있다는 것이리라.

"나는 자신감에 넘친다."라고 외쳐보는 것은 말로만 외치는 것이 아니라 자신감을 불어 넣으려고 하는 동기가 된다는 것이겠지.

"열정적이다. 끈기가 있다. 여유가 있다." 등등 그렇게 주문하면 스스로 그렇게 되도록 노력하게 되니까 매일 같이 주문처럼 되 뇌이면 과거의 무력한 자신의 모습과 변해가는 자신의 모습을 비교할 수 있게 된다는 것이겠지.

그러나 사람들은 아주 단순한 것도 하루아침에 변하기란 어려운 일이지. 천리 길도 한걸음이라는 속담을 생각하며 천천히 그리고 꾸준히 실천한다면 목적지에 도달해 있겠지.

작다고, 별거 아니라고 여겼던 것들이 나중에 커다란 것이 되어 돌아온다는 진리를 깨닫게 되기를 소망해본다.

사랑하는 엄마가

| 오늘의 주제 |

위기는 기회의 안타

인생은 마라톤과 같다는 말이 있지. 지금 조금 늦는다고 슬퍼하거나 좌절하지 말고 지금 남보다 빠르다고 교만하거나 기뻐하지 말라는 거지.

자신의 페이스를 꾸준히 유지하면서 땀도 닦아 가면서 물도 마셔가면서 뛰어 간다면 누구나 결승점에 다다르게 되겠지.

그 결승점은 중도에 포기하지 않고 꾸준히 뛴 사람만이 들어갈 수 있는 거지.

최고의 애니메이션 회사, 픽사의 디렉터 '존 래스터'가 디즈니에 다닐 당시에 해고를 당했는데 해고 이유가 "너무 말이 너무 많아서"였대.

아이디어가 풍부한 존 래스터는 열정적으로 끊임없이 새로운 아이디어를 창안했지만 회사에서는 "네 의견은 필요 없어. 시키는 대로 하기 싫다면야 그만 두어야지. 스튜디오 밖에 너를 대신할 사람은 많지."라고 무시하더니 결국은 해고를 했던 거야.

어릴 때부터 디즈니라는 한 곳만을 바라보며 달려온 존 래스터에게는 엄청난 충격이었지.

그 후 존 래스터는 컴퓨터 과학자 애드 캣멀을 만나 '픽사(Pixar)'를 창업했대. 애드 캣멀은 과학자 출신이라 실패라는 것에 관대했고 그런 회사의 방침은 존 래스터에게 날개를 달아준 격이 되어서 그의 풍부한 아이디어 능력이 최대로 발휘되는 기회가 된 거지.

그런데다 그 유명한 스티브 잡스가 투자자로 들어오니 금상첨화가 된 거지. 그동안 이렇다 할 성과를 내지 못한 픽사는 존폐의 위기에 놓이기도 했지만, 몇 주 동안 집에 들어가지 않고 매트리스에서 잠을 자며 3D 개발에 몰두한 존 래스터의 노력으로 희대의 역작 "토이 스토리"를 만들어내면서 엄청난 히트를 치게 되고 픽사의 주식은 10배가 뛰었고 곧 이어서 "벅스 라이프", "니모를 찾아서" 등의 흥행작이 속속 출시하게 되었지.

그를 내쳤던 디즈니사는 픽사를 72억 달러에 인수하게 되는 사건이 발생했고 자신을 버렸던 회사로부터 훨씬 더 큰돈을 받고 영입된 존 래스터의 이야기는 한때의 고통을 견디는 것이 얼마나 큰 성공을 만들어줄 수 있는지를 말해주고 있지.

존 래스터는 디즈니사에서 해고 될 때가 자기 인생에서 가장 힘들었다고 회고 하는데 그 힘든 시기는 존 래스터가 인생역전에서 안타를 치는데 기회가 된 것이지.

존 래스터는 "나는 나의 운을 믿는 법을 안다. 그것이 옳다는 느낌이 온다면 그 느낌을 따른다."는 명언을 남기기도 했는데 평범한 우리도 힘든 고비를 슬기롭게 넘기고 존 래스터처럼 해낼 수 있다는 자기신뢰를 가져보는 것도 꽤 괜찮은 선택일 것 같구나.

내가 이 세상에 존재하는 한, 우리에게 도전하는 수많은 장애물들은 결코 세상을 무너지게 할 수 없다는 것을 믿으면서……. (존 래스터 이야기 출처: 카카오스토리)

사랑하는 엄마가

| 오늘의 주제 |

자신이 처한 환경을 받아들이고 극복하자

우리는 살아가면서 많은 불평불만을 하며 살아가지. 그래서 "잘되면 내 탓이고 안 되면 조상 탓"을 한다는 옛말이 나오기도 한 것 같아.

요즘 명량이라는 영화로 다시 한 번 이순신 장군에 대하여 화두가 되고 이순신 장군을 존경하는 사람들이 더 많아진 것을 볼 수 있단다.

영화 명량 이후, 방송국에서도 지난 드라마를 통해서 이순신 장군에 대하여 재조명하는 프로그램도 생겼는데 그 유명한 이순신 장군도 어릴 때부터 평탄하지만은 않았던 것을 알면 장군에 대하여 존경심이 더욱 커질 수 있지.

충무공 이순신장군은

"집안이 나쁘다고 탓하지 마라."

나는 역적의 가문에서 태어나 가난 때문에 외갓집에서

자랐다.

"머리가 나쁘다고 말하지 마라."

나는 첫 시험에서 낙방하고 서른둘의 늦은 나이에 겨우 과거에 급제했다.

"좋은 직위가 아니라고 불평하지 마라."

나는 14년 동안 변방 오지의 말단 수비 장교로 돌았다.

"윗사람의 지시라 어쩔 수 없다고 말하지 마라."

나는 불의한 직속상관들과의 불화로 몇 차례나 파면과 불이익을 받았다.

"기회가 주어지지 않는다고 불평하지 마라."

나는 적군의 침입으로 나라가 위태로워진 후 마흔일곱에 제독이 되었다.

"조직의 지원이 없다고 실망하지 마라."

나는 스스로 논밭을 갈아 군자금을 만들었고 스물세 번 싸워 스물세 번 이겼다.

"윗사람이 알아주지 않는다고 불만 갖지 마라."

나는 끊임없는 임금의 오해와 의심으로 모든 공을 뺏긴 채 옥살이를 해야 했다.

"자본이 없다고 절망하지 마라."

나는 빈손으로 돌아온 전쟁터에서 13척의 낡은 배로 133척의 적을 막았다.

"옳지 못한 방법으로 가족을 사랑한다 말하지 마라."

나는 스무 살의 아들을 적의 칼에 잃었고 또 다른 아들들과 함께 전쟁터로 나섰다.

"죽음을 두렵다고 말하지 마라."

나는 적들이 물러가는 마지막 전투에서 스스로 죽음을 택했다.(출처: 명언 글)

이렇게 환경을 탓하지 마라는 이순신 장군의 명언은 우리들에게 쥐구멍을 찾게 하고 있단다.

많은 사람들이 명철한 두뇌를 갖추지는 못했더라도 분별력 있는 판단으로 남을 탓하거나 환경을 탓하는 일을 하지 않는다면 본인 스스로 불행을 자초하는 일은 없을 거라 생각해본다.

"너 때문이야"가 아니고 모든 것은 다 "나 때문이야."라고 되새기며……

사랑하는 엄마가

| 오늘의 주제 |

만족한 삶을 위하여 갖추어야 할 것들

인간의 삶은 정말로 단순하지 않지…….

욕구도 다양하고 만족도 다양하고 기쁨도 다양하고 불만도 다양하고 우리는 하루 종일 다양한 일들을 펼쳐놓은 하늘아래서 살아가고 있지.

이렇게 다양한 하늘아래 다양한 불만을 배제하고 다양한 기쁨과 다양한 만족과 다양하고 보편적인 욕구를 채우고 누리려면 어떤 방법이 있을까? 라는 고민을 누구나 한 번쯤은 해보았을 거란 생각이 든다.

우리가 이러한 고민을 해결하기 위하여 인간으로서 기본적으로 갖추어야 할 것들이 있는데 그 기본을 갖추어야 하는 적합한 글이 있어 적어본다.

첫째, 늘 긍정적인 생각과 웃음으로 건강을 지키고 평생 공부하는 자세를 가지고 노력해야 한다.

둘째, 지금 성공했다고 해서 어려웠던 과거를 잊지 말고 방종하지 말아야 하며 항상 자신이 처한 현실에 감사하는 겸손함이 있어야 한다.

셋째, 아무리 어려운 일에 부딪혀도 자기한테 주어진 몫에 대하여 불평불만을 하지 않는 여유로움이 있어야 한다.

넷째, 이기심 가득한 욕심을 버리고 타오르는 욕망을 스스로 제어할 수 있는 강한 열정과 용기가 있어야 한다.

다섯째, 절약도 하여야 하겠지만 적시적소에 돈을 쓸 줄 아는 기부의 마음을 갖추어야 한다.

여섯째, 절대로 남에게 피해를 주지 않고 살아가는 좋은 습관과 인간성을 가져야 한다.

일곱째, 놀 때는 세상 모든 것을 잊고 놀며, 일 할 때는 오로지 일에만 전념하는 놀 때와 일할 때를 철저히 구분하는 분별력을 갖추어야 한다.

여덟째, 부지런히 일하는 자세로 늘 손에서 일을 떼지 않는 근면함을 갖추어야 한다.(출처: 좋은글)

이와 같이 갖추어야 덕목을 갖춘다면 스스로의 보편적인 욕구를 채우게 될 것이며 기쁨과 만족을 얻는 행운이 떠나지 않을 거라는 생각을 해 보았단다.

 이처럼 기쁨과 만족을 얻는 것은 스스로 노력하지 않으면 절대 얻을 수 없는 것은 진리가 아닐까?

 진리를 가슴에 새기고 오늘도 우리 하이파이브 하자.

 진리를 위하여······.

| 오늘의 주제 |

당신이 자랑스럽습니다

"인간은 사회적 동물이다."라고 아리스토텔레스는 말했지. 이렇게 인간은 갓 태어나 어머니를 처음 만나고 가정이라는 작은 공동체 속에서 삶을 시작하게 되지.

자라면서 학교라는 조직, 나아가 직장, 더 나아가 한 사회의 구성원으로 스며들어 살아가게 되는 거지. 이처럼 결코 인간은 혼자서 살수 없는 존재인거지.

그래서 "나"가 있는 곳에 반드시 "타자(다른 사람)"도 있는 거고, 또한 "나"라는 사람은 남의 "타자"가 되기도 하고 "타자" 또한 하나의 "나"가 되어 공동체 사회를 이루게 되는 거지.

이렇게 볼 때 우리는 "나"가 아닌 "타자"를 인정하고 존중하며 살아가는 것이 원칙이고 질서라고 생각해. 만약에 이 세상에서 휴대폰을 혼자만 가지고 있다고 자랑을 한다면,

바보스러운 짓이지. 그 휴대폰을 사용할 대상이 없기 때문이지. 물론 게임기로 쓸 때는 가능하겠지만 통신수단의 기능은 절대로 쓸 수 없다는 이야기지.

발신자가 있으면 수신자가 반드시 있어야 하는 것처럼 우리의 조직은 항상 발신자가 되기도 또한 수신자가 되기도 하면서 돌아가는 것이니까.

이렇게 우리는 상대방과 함께 살아가기 때문에 원만한 인간관계는 우리들의 삶을 풍요롭게 하고 행복하게 만들 수 있는 것이라 생각해.

과연, 우리는 상대방을 얼마나 존중하며 얼마나 배려하며 살고 있나 반성하는 사람은 몇이나 될까?

항상 먼저 베풀고, 먼저 배려하고, 먼저 용서하고, 모든 일에 솔선수범하는 생활을 몸에 배이게 한다면 좋을 것 같다는 생각을 해본다.

항상 상대방에게 "당신이 자랑스럽습니다."라고 칭찬의 말을 먼저 해본다면 상대방보다 먼저 스스로 행복해 지는 것을 느낄 수 있을 것이란다.

사랑하는 내 딸,

정말 자랑스럽구나. 저출산으로 국가가 존폐위기를 걱정하는 시기에 셋째를 회임한 것은 대단히 자랑스러운 일이란다.

아무 걱정 말고 아기와 산모 모두 건강하게 씩씩하게 생활하기를 두 손 모아 기도한다.
정말로
축축축 하하하
축하해^&^

사랑하는 엄마가

| 오늘의 주제 |

감정조절

　내가 웃으면서 세상을 바라보면 나무도 웃고 꽃도 웃고 태양도 웃고 하늘도, 구름도 웃으며 내 얼굴을 간지리지만
　내가 화를 내면서 세상을 바라보면 나무도 꽃도 인상을 쓰며 화를 내고 태양도 구름도 하늘도 찌푸리고 있는 것처럼 느낄 수 있지.
　다시 말하면 웃으면서 행복해 할 때는 온 세상이 다 웃고 있는 것처럼 보여지고 화를 내고 짜증을 부린다면 세상도 찌푸린 것처럼 보인다는 거지.
　나무나 꽃등, 자연은 항상 그대로인데 사람의 감정에 따라 그렇게 보이는 거란다. 그래서 우리가 나타내는 감정은 마술이라 해도 과언이 아니지.
　감정을 잘 조절하는 능력과 지혜를 배운다면 날마다 웃으며 행복해 하는 세상을 볼 수 있을 것이라 여겨진다.

항상 목소리를 낮추고 조용조용 말하는 습관, 항상 고운 말 예쁜 말만 선택하여 사용하는 습관, 항상 미소가 떠나지 않는 얼굴표정을 만들려고 노력하는 습관, 항상 역지사지란 말을 염두에 두고 상대방을 이해하는 습관, 항상 "그럴 수도 있지", "내 탓이야."라는 단어로 긍정의 마인드를 심화하는 습관, 항상 "육류를 즐기기 보다는 야채와 과일을 즐기는 식습관을 가진다면 감정 조절에 도움이 되지 않을까 라는 생각을 해본다.

　이제 예쁘고 소중한 아가가 몸속에서 자라고 있으니 감정조절은 더없이 중요한 일이 될 거란 생각이 드는구나.

　모쪼록 몸과 마음을 더욱 수양하여 건강하고 예쁘고 귀한 아가가 태어나길 기원한다.

　다시 한 번 진심으로 축하하며 아기 잘 낳는 내 딸이 정말 자랑스럽단다.

　결혼한 지 10년이 되는데도 아기가 생기지 않아 아기 낳으려고 1년 6개월간 휴직한 여직원이 있는데 아직도 아기를 갖지 못하고 있단다. 이러한 사람도 있다는 걸 알고 겁내지 말고 불평하지 말고 오로지 감사한 마음으로 태교 잘했으면 좋겠구나.

사랑한다. 내 딸

| 오늘의 주제 |

필요한 짐은 끝까지 짊어지고 가자

얼마 전 개그맨 이경규씨가 '인생의 짐을 함부로 내려놓지 마라'는 강연을 해서 큰 반향을 일으킨 적이 있었단다.

우리가 들었던 이야기 중에 "편하게 살려면 짐을 내려놓으라."는 말과는 상반된 것이라 무릇 사람들은 "어떤 말이 맞는 말이야."라는 궁금증을 불러일으키게 하였단다.

그러나 이경규씨가 말하는 짐은 우리에게 꼭 필요한 짐을 말하는 것이겠지.

즉, 쉽게 포기하지 말라는 뜻의 이야기로 이해하면 될 것 같구나.

이경규씨는 "지고 가는 배낭이 너무 무거워 벗어버리고 싶었지만 잘 참고 정상까지 올라가 배낭을 열어보니 먹을 것이 가득했다."는 지리산 등반 때 일화를 소개하면서 짐을 지고 가야하는 이유를 설명했단다.

만약에 그때 당시 힘들다고 짐을 내려놓고 등반을 하였더라면 우선 당장은 편하게 갈수 있었겠지만 정상에 올라가서는 배고픔을 감내하여야 하는 고통을 감수하여야 했겠지.

우리가 살아가는 인생도 마찬가지지……. 아마도 이 지구상에 짐 없이 홀가분하게 살아가는 사람은 한명도 없을 거란다.

우리들에게는 저마다 감당하기 버거운 짐들이 항상 따라다니게 되는데 그것을 불평하지 않고 끝까지 잘 짊어지고 꾸준히 걸어간다면 반드시 그 무거운 짐을 짊어진 대가를 얻는 것은 진리이고 당연한 것이 되겠지.

법정스님의 무소유도 무조건 버리라는 것이 아니고 집착을 버리라는 의미란다. 이처럼 우리는 버려야 할 짐과 짊어지고 가야 할 짐을 구분하는 혜안을 가지는 것이 필요한 것이란다.

아프리카의 어느 원주민은 강을 건널 때 마다 큰 돌덩이를 짊어진다고 하는데 이것은 강물에서 발생하는 급류에 휩쓸리지 않기 위해서란다.

무거운 짐이 자신을 살린다는 것을 깨우친 것이지. 이처럼 지혜로운 생각을 하면서 즐겁고 행복한 삶을 위하여 쉽게 포기하지 말고 건강하고 튼튼한 지게를 꼭 곁에 두고 힘찬 발걸음 재촉했으면 좋겠다는 생각을 해본단다.

(이경규 이야기 출처: 카카오스토리)

사랑하는 엄마가

| 오늘의 주제 |

욕심과 집착 버리기

　법륜스님은 사람이 거룩하게 살려면 "거룩한 삶을 살겠다는 생각을 버려야 거룩하게 살 수 있다."라고 하면서 거룩하게 살겠다는 생각을 움켜쥐고 있으면 인생이 괴로워지고 비참해 진다고 했단다.

　법륜스님은 또,

"인생은 저 길옆에 핀 잡초처럼 아무것도 아니에요. 길에 난 풀 한 포기나 산에 있는 다람쥐나 여러분이나 다 똑같아요. 여러분들이 아무리 잘난 척해도 100일만 안 먹으면 죽고, 코 막고 10분만 놔두면 죽습니다.

내 것이라고 움켜쥐고 있지만 내 것인지 점검해 봐야 합니다. 자기가 옳다고 주장하지만 진짜 옳은지 점검해 봐야 해요. 사실은 다 꿈속에 살고 있어요.

자기를 내려놓고 가볍게 생활하면 결과적으로 삶이 거룩

해집니다."
라고 하셨는데,

   이 말씀은 욕심도 버리고 집착도 버리고 편안한 마음으로 살라는 말씀이라 생각한다.

   잘못된 욕심은 곧 혜안을 가리고 판단을 흐리게 하고 집착 또한 많은 실수를 초래하게 되니까. 우리가 꼭 버려야 할 것들이겠지.

   어제 가졌던 잘못된 욕심 지금까지 가졌던 집착 오늘일랑 모두 버리고,

   go, go, go

   즐거운 날 되기를 바란다.

사랑하는 엄마가

| 오늘의 주제 |

비난에도 칭찬에도 동요하지 말자

법상스님은 비난과 칭찬은 한 뿌리라고 말씀하셨단다.
"상대방에게 비난의 소리를 들을 때, 맞받아 대꾸하지 말라. 다만 그 마음을 가만히 비추어 보라.
내면에서 올라오는 화와 원망의 소리 없는 소리를 분별없이 바라보라.
만약 분노하여 그들을 해치거나 맞받아쳐 함께 욕을 하고 헐뜯는다면 상대방에게 지는 것이다.
그러나 묵언을 지키고, 마음의 빛을 안으로 거두어 속 뜰의 울림을 비추어 볼 수 있다면 상대방뿐만 아니라, 나 자신에게도 승리하는 것이다.
상대가 칭찬을 할 때도 마찬가지로 가만히 올라오는 기쁜 마음, 우쭐한 마음을 있는 그대로 비추어 볼 수 있어야 한다.

칭찬에 마음이 들떠 있음을 가만히 지켜보라. 칭찬에 휘둘려 들떠 있게 된다면 똑같이 비난에 휘둘리는 것처럼 상대에게도 지고 나 자신에게도 지는 것이다.

칭찬과 비난은 한 뿌리, 칭찬에 휘둘리지 않아야 비난에도 흔들리지 않을 수 있다."

새로운 한주를 시작하면서 오늘도 그 누구에게 비난을 받을 수 있는 확률과 그 누구에게 칭찬을 받을 수 있는 확률도 있고 아무 일도 없이 그냥 지나갈 수도 있지.

비난을 받았다고 해서 속상해 하지 말고 칭찬을 받았다고 해서 즐거워 할 필요도 없단다.

일희일비 하지 말고 일관성과 초연함으로, 초심으로 생활한다면 결코 후회하는 일은 없지 않을까 생각한다.

늘 파안대소 하는 자신을 만들어 가길 바라며…….

사랑하는 엄마가

마음먹기 나름

| 오늘의 주제 |

마음먹기 나름

사랑하는 내 딸 안녕 ^&^

다소 쌀쌀하지만 청명한 날씨는 우리들의 마음속에 서려 있는 근심과 어둠을 쫓아내는 것 같구나.

오늘은 기분이 좀 어떠니…….

어제 너의 카톡을 보고 많이 속상했단다. 그러나 그러한 순간들도 긍정적으로 생각해보면 그리 나쁘지만은 않을 것 같다는 생각이 든다.

나에게 직장이 있으니 못마땅한 상사도 있고, 늦게까지 일할 수 있는 것은 건강하기 때문이고, 유치원에서 어린이 집에서 기다리는 사랑스런 자녀들이 있으니 부지런함을 떨기도 하고, 남편이 있으니 부부싸움도 해보고, 이렇게 긍정적으로 생각해보면 화나는 것도 짜증나는 것도 견딜 수 있지 않을까?

원효대사가 의상대사라는 분과 당나라로 깨달음을 얻기 위하여 길을 떠났단다. 날이 어두워지고 인가는 없고 산속에서 잠을 자게 되었단다. 아침에 일어나보니 남의 묘지가 있는 굴속이더란다. 다음날 다시 길을 떠날 채비를 하였지만 비가 너무 많이 와서 의상과 함께 그 산속에서 하루를 더 머물기로 하고 잠을 청했단다. 그러나 그 전날에는 그렇게 잠이 잘 오더니 그날은 영 잠을 이룰 수가 없었더란다.

그 이유는 그 장소가 묘지라는 것을 알고 자려니 잠을 이룰 수가 없더라는 것이었지. 그 전날에는 그곳이 남의 묘지라는 것을 모르고 잤기 때문에 단잠을 잤지만 그날은 묘지가 있는 것이 영 신경이 쓰여서 잠을 이루지 못하자,

원효대사는 "모든 것은 내 마음에서 마음먹기 나름이구나. 깨달음은 내 마음 안에 있는 것이지, 결코 밖에 있는 것이 아니라는 것"을 깨닫고 당나라로 가지 않고 그 길로 다시 돌아갔다는 이야기가 있단다.(이야기 출처: 유튜브 동영상 "원효대사의 깨달음")

이처럼 우리도 어떠한 일에 대하여 긍정적인 마음으로 생각한다면 속상하고 화나는 일도 사그라질 수 있을 것이라 여겨진다.

오늘도 긍정과 친한 하루가 되길 바라며 파안대소하는 기적의 시간누리길 기원한다.

사랑하는 엄마가

| 오늘의 주제 |

새해의 아침

을미년의 푸르고 온순한 양이 365노트에 우리들의 아름다운 삶의 이야기를 가득 담아 선물하는구나. 더도 말고 덜도 말고 서로 사랑하고 서로 용서하며 날마다 감사하며 겸손하게 긍정하며 살라고…….

이 대로만 살라고…….

그래……. 사랑하는 내 딸~

올 한해도 더욱 건강하고 넘치지도 쳐지지도 않는 행복한 삶 이루는 축복 받기를 간절히 기원한다. 엄마의 시 새해의 아침을 읽으며 올 한해 힘차게 출발하기 바란다.

새해의 아침

2015

을미년의

웅장하고 장엄한 태양
마중 나온 온 세상 사람들의
고귀한 숨결과 심장을 들이마시며
오롯이 드높게 솟아올랐습니다.

처음처럼 순수한 설렘
경이로운 미지의 시간
60년 만에 돌아온
청양靑羊의 경건한 축복
순결하고 맑은 기쁨이
지난해의 아픔과 슬픔
모두 모두 씻어 내립니다.

다시 한 번 또 믿어보자!
다시 한 번 또 사랑해 보자!
다시 한 번 또 안아보자!
다시 한 번 또 의지해 보자!

새끼손가락의 굳은 약속
출렁이는 심장의 파도에 아로새기며
청양靑羊의 푸른 태양
폭풍 같은 기대 속에
한 해의 긴 여정을 출발합니다.

이 새롭고
발자국이 나지 않은
신비스럽고 새하얀 길
모든 이의 믿음과 소망
그리고 꿈과 희망으로
가득 고여 있습니다.
이 거룩하고 소중한 시간
또 다시 얻었음에

겸손함과 숙연함으로
찬란하게 떠오른 청양靑羊의
사랑스럽고 귀여운 얼굴로
행복해 지렵니다.
감사와
또 감사로
보은하렵니다.

詩作 note

 2015 을미년 새해가 밝았다. 해마다 맞이하는 새해이지만 올해는 만감이 더욱 교차하는 해이다. 지난 한 해 우리들은 많은 일들을 경험했다. 전혀 예기치 못했던 사건사고들이 기회를 기다렸다는 듯이 뻥뻥 터졌다. 지난해 4월 세월

호 침몰사건, 10월 판교의 환풍구 붕괴사건 등등, 많은 사람들이 죽음에 이르는 사고를 당했다. 이 밖에도 온 국민들을 분노하게 하는 황당한 사건들이 많이 있었다.

사자성어 중에 전화위복轉禍爲福이란 말이 있다. 이 의미는 "재앙이 바뀌어 오히려 복이 된다는 뜻으로, 좋지 않은 일이 계기가 되어 오히려 좋은 일이 생김을 이르는 말"이라고 한다. 그러나 지난 한 해의 많은 인명피해 사건들은 도저히 복이 되어 돌아올 수 없는 일이라고 말한다 하더라도 그 누구도 이의를 제기할 사람은 없을 것이라 여겨진다. 이와 같이 우리는 뼈아픈 이별의 슬픔과 아픔으로 뒤범벅되어 고통과 분노로 지난 한해를 견디어 냈다.

사람들은 반드시 삶의 이유를 만들고 그 이유에 맞는 삶을 선택한다. 목표를 설정하고 그 목표를 달성하고 성공하기 위해서 많은 노력을 할 것이다. 이러한 요인들이 사람들의 꿈이며 희망이고 삶의 이유인 것이다. 이러한 목표 달성과 성공, 그리고 행복한 삶을 추구하기 위하여 불철주야 일을 할 수밖에 없다. 이러한 인간의 삶의 과정은 고통과 불안, 아픔과 외로움을 수반하기도 한다. 그래서 사람들은 "새해 새날"에 새로운 꿈을 설계하고 소망을 이루고자 간절한 마음으로 기도하며 소원을 비는 것이라 하겠다.

이러한 행위는 '지금까지 없던 것이 처음 생겨나거나 이미 있던 것이 다시 시작된다.'라는 의미인 "새"라는 단어에 큰 의미를 부여하는 것이 아닌가 생각해본다. 마치 투자자가 "어느 업체에 투자를 하면 많은 이익을 내고 성공을 할까"라는 고민과 함께 간절한 노력을 기울이는 마음처럼, 사람들은 새해 첫날에 자신과 또는 부모, 형제 등의 가족, 연인, 친구, 동료들의 건강과 각자의 목표에 따른 소망을 이루게 해달라고 기원하는 것이다.

이처럼 "새"라는 단어에 많은 사람들은 경건해진다. 그것은 미지이기 때문일 것이다. 새해, 새 학기, 새 공책, 새 옷, 새신, 새길 등 "새"자가 들어가는 말은 우리를 분명히 설레게 하고 있다. 이와 같이 우리는 "새"자를 붙여서 또 한해를 맞이한 것이다. 그것도 을미乙未년 새해를 말이다.

을미乙未년은 푸른색의 양띠를 말한다. 을미乙未는 60갑자 중 32번째로 10간의 을乙이 상징하는 푸른색과 12간지 중 양羊을 뜻하는 미未가 합쳐져서 생긴 말이라고 한다. 그래서 을미乙未년을 청양靑羊의 해라고 한다. 원래양은 성격이 온순하여 무리를 지어 살고 있지만 다투지 않고 산다고 한다.

따라서 양띠의 사람은 성실하고 이해심이 많아 남들과 화합을 잘한다고도 한다. 그래서 단체생활을 잘하고 인간관계를 좋게 형성하는 편이라고 말한다. 특히 푸를 청靑은 진취적이고 긍정적 의미가 담겨 있어 양띠를 가진 사람 대부분이 좋게 평가되기도 한다고 한다. 이와 같이 인간은 누군가에게 좋게 평가되고 중요한 사람이 되고 싶어 한다. 또한 위대해지고 싶어 한다.

그러나 인간은 만물의 영장이라고 자칭하지만 아주 미약한 존재라 할 수 있다. 많은 학문을 연구하고 문명을 발달시키고 최첨단을 걷는다고 뽐내지만 깊은 내면에는 나약함이 아주 강하게 살아 있다. 하나님이 노하셔서 벌을 주시면 절대로 거부할 수 없고 꼼짝없이 받아들일 수밖에 없는 존재인 것이다. 이처럼 인간은 아주 나약하기 짝이 없는 것이다.

13세기 로마황제 프리드리히 2세(독일왕도 겸함)는 인간적으로 끔찍한 실험을 했다고 한다. 황제는 "아기들이 다른 사람들이 하는 말을 듣지 못하고 자란다면 어떤 언어를 말하게 되는지를 알아보기 위해 갓난아기 몇 명을 부모 곁에서 떼어 놓고 보모들에게 키우게 하였다. 그리고는 보모들에게 아기들을 만지지도, 아기들에게 말을 걸지도 못하게 했다.

그러나 이 아기들은 황제의 실험목적에 도달하지 못했다. 그 이유는 아기들이 말할 수 있는 나이가 되기도 전에 모두 죽었기 때문이다. 결국 황제는 아기들이 어떤 언어를 말하게 되는지 볼 수가 없게 된 것이다. 이것을 본 13세기 역사가 살림베네는 1248년 아기들에 대해서 "쓰다듬어 주지 않아서 아기들은 살 수 없었다."라고 기록했다는 이야기가 있다.

이처럼 사랑과 지지가 없는 돌봄은 사람을 죽음에 이르게도 한다는 것에 굉장히 놀라워하지 않을 수 없다. 누군가를 진정으로 사랑하고 지지해주는 것은 인간사회를 행복하게 하는 구심점이 되는 것이라 하겠다.

이와 같이 인간의 저변에 존재하고 있는 나약함을 강하게 만들어주고 채찍해주는 것은 우리가 서로 화합하고 사랑하면서 살아가야 하는 숙명인 것이다. 하나님의 재앙을 단 한 번도 막아낼 수 없는 우리들이다. 그래서 우리는 순한 양처럼 온순해야 하며 서로서로 화합하며 타인을 긍정하고 사랑하면서 살아야 하는 것이다.

이러한 생각을 다짐하는 의미로 새해의 아침이란 시를 쓰게 되었다. 해마다 새해가 되면 "올해는 좋은 일이 있을 것 같고, 대박날 것도 같고, 소망이 이루어지겠지."라는 믿음으로 기대를 해보지만 많은 사람들이 기대에 못 미치는 지난해를 생각하면서 후회하기도 하고 반성하기도 한다.

그 무엇을 이루지 못했다 하더라도 우리는 꿈을 가지고 희망을 가질 수 있는 유일한 생명체이다. 얼마나 기적적이고 감사한 일인가! 비록 삶이 지치고 힘들더라도 용기와 도전하려는 정신만 잃지 않는다면 하나님은 반드시 그 허전한 공간을 채워주시리라 믿는다.

  이 글을 읽으시는 독자님들께 사랑과 평화가 일렁이는 축복과, 소망을 이루는 기쁨과 즐거움으로 행복한 미소를 지어보시길 간절히 기원 드린다.

| 오늘의 주제 |

"세상은 고통으로 가득하지만 그것을 극복하는 사람들로도 가득하다."

-헬렌 켈러-

이 말은 인간의 삶 자체는 항상 기쁘고 즐거운 날만 있는 것이 아니니 고통스럽다고 쉽게 포기하지 말라는 말이겠지.

인간에게 부여된 삶 자체는 쉬움보다는 어려움이 더 많지.

한 고개 넘으면 또 한 고개를 넘어야 하는 산길 여행처럼 우리의 삶은 하루도 무미건조한 날이 없지.

이것이 인생이니 그 고통을 즐기는 것이 가장 현명하고 행복을 담을 수 있는 거겠지.

드물기 때문에 더 귀중한 물건의 희소가치처럼 우리의 행복을 고통 속에서도 찾아내는 슬기로움을 키워보자.

사랑하는 엄마가

| 오늘의 주제 |

"몸가짐은 각자의 자기의 모습을 비추는 거울이다."
―괴테―

우리의 몸은 부모님께서 주신 가장 유일한 귀중품이라 할 수 있단다.

우리들은 자신이 생각하는 귀중품에 속하는 것은 흠이 나지 않도록 잘 보관하며 아끼면서 소중하게 관리하는 것을 볼 수 있지. 이처럼 우리는 부모님께서 주신 유일한 몸을 잘 관리하고 보존하는 것은 자신의 삶을 편안하고 건강하게 사는 것이 되지만 그보다 더 부모님께 효도하는 일이기도 하단다. 이처럼 귀중한 몸가짐을 잘하는 것은 당연히 자기 모습을 비추는 거울이 되며 타인에게도 본보기가 되는 거울이라 하겠다.

오늘도 자신의 바른 몸가짐의 거울을 바라보며,

미소 지어 보시길…….

사랑하는 엄마가

| 오늘의 주제 |

"말도 아름다운 꽃처럼 그 색깔을 지니고 있다."
―E.리스―

    말은 자신의 뜻을 상대에게 전하는 통신수단이라는 것을 그 누구도 모르는 사람은 없을 것이다. 또한 말의 억양으로 자신의 감정을 표출하게 되는 것도……. 따라서 인간관계에 있어서 말의 중요성은 굳이 별도로 이야기 하지 않아도 되는 것이지. 그래서 우리가 사용하는 말은 그 색깔이 있는 것은 당연한 것이라 할 수 있지.

    고운 말, 예쁜 말, 상냥한 말, 다정스런 말, 사랑스런 말 등 이러한 말들은 진달래의 핑크빛깔과 목련의 하얀 빛깔로 아름다움을 느낄 수 있는 것이고, 화나서 하는 말, 기분 나쁜 말, 거친 말은 어두운 밤의 검은색을 느끼게 되는 거지……. 기왕이면 아름다운 꽃을 연상케 하는 말들을 사용하면서 오늘도 즐거움을 지어보자.

사랑하는 엄마가

| 오늘의 주제 |

계단을 밟아야
계단 위에 올라설 수 있다

-터키속담-

　산 정상에 오른다거나 위로 올라가는 길에는 한걸음 한 걸음 위로, 또는 계단을 밟아야만 오를 수 있는 것이라 하겠다. 이것은 순기능을 말하며 질서의 의미를 보여주는 이치가 아닌지 생각해본다.
　물의 흐름도 계단을 밟아 올라가듯 순리대로 흘러가는 것은 그 흐름 나름대로 절차가 있고 질서가 있을 것이라 여겨진다.
　그래서 우리 인생도 절차가 있고 계단을 오르는 것처럼 질서가 있는 것이라 할 수 있는 거겠지.
　이러한 절차를 무시하고 질서를 지키지 않는 것은 인생의 역기능을 초래하며 그 역기능은 우리 인생에 있어 많은 혼란을 야기하게 되겠지.
　따라서 우리는 한 계단 한 계단 오르는 과정을 힘들다고 생각하지 말고 즐겁게 여기면서 순기능을 만드는 인생을 살아야 되는 숙명인거지. 오늘도 순기능의 진리를 느껴보길 바라며,

사랑하는 엄마가

| 오늘의 주제 |

사랑할래요. 내 인생······.

사람으로 인하여
슬프고,
아프고,
속상하고 괴로워도
그래도 사람이 좋습니다.

사람들과
더불어 살아가는데 그런 일들이
없을 순 없으니까요.

사람으로 인하여
슬프고 괴로웠듯이,
사람으로 인하여

또한 기쁘고 행복하잖아요.

사람이 산다는 것은
결국 함께 일 때,
모든 것에 의미가 있고
행복이 있는 거랍니다.

사람이 아닌
다른 모든 것들은 중심이 아닌
조건들에 불과 하답니다.

지금 이 순간,
어떤 사람 때문에 슬프고 괴로운가요?
고통은,
살아있는 사람들의 특권이랍니다.

그러나 기억하세요.
당신을 힘들게 하는 그 사람 때문에
당신의 마음이 있다는 것을.
마음을 돌이켜
그 사람을 축복해 보세요.

먼저 당신의 마음속에
놀라운 평안이 깃들 거예요.

함께 더불어 살아갈
더욱 빛이 나는 우리들의 삶이라는 것을
기억하길 바랍니다.

그래도
사람이 아름답습니다.
그래도
사람을 사랑합니다.

어떤 인연은 마음으로 만나고
어떤 인연은 몸으로 만나고
어떤 인연은 눈으로 만난다.

어떤 인연은
내 안으로 들어와 주인이 되고
또 어떤 인연은
건널 수 없는 강이 된다.

　　　　　　－김정한 작가의 "잘 있었나요 내 인생" 중에서

사랑하는 내 딸 바른아 안녕?
　위의 글은 우리들의 일상에서 만나는 사람들의 관계 속에서 부대끼며 살아가고 그 속에서 상처를 주고받으며 살아가는데 주변사람들이 싫다고 떠날 수도 없고 주변사람들이 좋다고 항상 같이 있을 수 없는 불가피한 우리들의 삶을 이야기 한거겠지…….

결국 우리가 살아가는 세상은 사람이라는 무리 속에서 살아갈 수밖에 없는데 좀 더 현명하고 지혜롭게 대처한다면 축복받은 인생이 될 거라 생각한다.

어떤 사람은 괴로움을 주고, 어떤 사람은 기쁨과 즐거움을 주고 나 또한 누구에게는 괴로움이 되고, 누구에게는 기쁨과 즐거움이 되는 존재이겠지. 그래서 우리가 사는 세상은 모든 것이 Give and Take로 이루어지는 거겠지.

사람이 만들고 사람이 없애고 그러한 사회구조 속에서 아파하지 말고 그래도 축복하며, 감사하며 살아가는 연습을 많이 하길 바란다.

오늘은 일요일 ~~~

부드러운 여유가 즐거운 햇살이 되어 행복을 뿌려주는 것 같구나. 잠을 늦게 자도 편하고 아침에 늦게 일어나도 부담 없는 휴일에 감사하고 있단다.

이러한 감사는 우리가 직장을 다니고 있으니 더욱 더 큰 감사로 다가 오는 거겠지. 평범한 무료함 보다는 장애물을 감내하고 고통을 견디는 일은 보람과 기쁨이 그 배가 되는 이치와 같은 거지.

오늘도 많은 생각을 하며 즐겁고 기쁜 일을 계획하길 바란다.

편지 쓰는 시간이 행복한 엄마가

| 오늘의 주제 |

긍정의 말과 배려

사랑하는 내 딸 안녕 ^♡^

약간은 쌀쌀한 기온에 옷깃을 여미지만 싱그러운 바람의 감촉이 달콤한 아침이란다.

뽀얀 새벽안개는 희망 같은 햇살에 몸을 의지한 채 오늘도 힘차게 내딛는 근면한 사람들의 발길을 열어주고 스러져감에도 미소 짓는 여유를 보여주고 있구나. 이렇게 예쁜 날 엄마는 지금 고속도로를 달리며 효학을 찾아가고 있단다.

인천으로 학교를 가야한다는 것에 처음엔 많이 부담스러웠지만 보석 같은 아침을 남들보다 먼저 보고 즐비하게 늘어선 산과 들이 가을로 익어가는 풍광을 보며 사색할 수 있는 여유가 있어서 참 좋구나.

몸은 비록 힘들다 여기겠지만 정신의 수양은 배가되니

이 어찌 기쁘지 아니하며 감사하지 않을 수 있겠어.

이렇게 긍정적으로 생각을 하니 엄마 스스로 즐겁고 행복하다는 것을 더욱 크게 느낄 수 있구나.

딸아~~~

혹시 이런 이야기 들어 봤니? "가정에 충실한 남편이 아내의 생일 날 케이크를 사들고 퇴근을 하다가 사고를 당해서 한쪽 발을 다쳤대. 다치게 되자 발을 절고 일도 제대로 할 수 없는 무능한 남편이 되어 버렸지.

아내는 그런 남편이 싫어졌고 남편을 무시하며 '절뚝이'라고 불렀대. 그러자 마을 사람들이 모두 그녀를 '절뚝이 부인'이라고 불렀대. 그녀는 창피해서 더 이상 그 마을에 살 수가 없어, 모든 것을 정리한 후 다른 낯선 마을로 이사를 갔대…….

이사를 가면서 아내는 자신이 그토록 사랑했던 남편을 무시한 것이 얼마나 큰 잘못이었는지 뉘우치고 새로 이사 간 마을에서는 자신의 남편을 '박사님'이라 불렀대……. 그랬더니 그 마을 사람 모두가 그녀에게 '박사 부인'이라고 불러 주더래."(이야기 출처: 좋은생각)

이 이야기는 뿌린 대로 거둔다는 말을 실감하게 해주고 남에게 상처를 주면 나에게도 상처로 돌아오고 희망을 주면 희망으로 돌아오는 것처럼 남에게 대접받고 싶은 만큼, 먼저 남을 대접할 줄 알아야 된다는 것을 명심하게 해주었어.

'말이 입힌 상처는 칼이 입힌 상처보다 깊다.'는 모로코 속담과 '말은 깃털처럼 가벼워 주워 담기 힘들다.'는 탈무드의 교훈처럼 말의 중요성과 힘을 간과해서는 안 될 것 같구나.

항상 기도하는 마음으로 덕담을 생활화하고 습관화 시키면 살아가는데 있어 크게 후회하는 일은 없을 것 같다는 생각이 든단다. 그리고 어떠한 안 좋은 상황에 부닥쳤을 때 그것을 긍정하고 인정하며 그에 따른 상황을 지혜롭게 풀어나가려는 배려심이 우리 삶에 커다란 시너지 효과가 된다는 것을 늘 각인시켜 두면 좋겠다는 생각을 해 본단다.

오늘은 즐거운 주말……. 게으름의 여유도 부려보고 집안의 밀린 일도 해가며 소소하고 일상적인 작은 행복에 기쁨을 얻길 바란다.

작은 행복들이 우리의 진정한 행복이란다.

나의 딸에게, 사위에게, 우아에게

늘, 항상 작은 행복들이 끊이지 않기를 소망하며 기도하며…….

2014년 9월 20일(토)

엄마가

| 오늘의 주제 |

안목

사랑하는 내 딸 안녕^♡^

코스모스의 아름다움이 절정에 달았구나. 코스모스는 엄마가 제일 좋아하는 꽃이란다. 내 딸도 알고 있겠지.^^

엄마 초등학교시절, 학교에서 실과 시간에 학급단체로 논두렁에 나가 코스모스 모종을 심어보는 공부를 한 적이 있었어.

그 모종이 자라 꽃이 핀 것을 보고 무척 신비로워 하며 감개무량 했었던 적이 있었단다.

어릴 때 코스모스는 나보다 키가 더 커 보였는데, 지금 보니까 나보다 키가 한참 작은 거야.

그만큼 어릴 때의 시야와 어른의 시야가 다른 거지.

우리가 본다는 것, 살아가면서 참 중요한 부분이야. 옳게, 바르게 볼 수 있는 안목을 키워야 하는 것은 정말 중요하다고 생각해.

어른이 되었는데도 아이의 시야로 세상을 바라본다면 자신도 답답하고 주변사람들도 답답하겠지. 몸이 성장하듯 세상을 바라보는 안목도 성장시켜야 하는 것은 이성을 지닌 인간으로서 의무와 책임이 아닐까? 란 생각이 든다.

세상을 잘 보고, 남의 이야기를 잘 듣고, 말할 때는 잘 말하고, 생각을 잘 한다면 세상을 바라보는 안목도 커질 것이라 믿는다.

이와 같이 우리가 보고, 듣고, 말하고 행동하는 것은 정말로 중요하단다. 이것은 우리가 살아가는 질서이기도 하겠지. 이러한 질서가 우리 신체에서도 반응하고 있다는 것을 알게 하는 글이 요즘 떠돌고 있더라. 엄마 친구가 카톡으로 보내온 글인데,

나이가 들면서 눈이 침침한 것은 필요 없는 작은 것은 보지 말고 필요하다 여기는 큰 것만 보라는 것이며,

귀가 잘 안 들리는 것은 필요 없는 작은 소리는 듣지 말고, 필요하다 여기는 큰 소리만 들으라는 것이고,

이가 시린 것은 연한 음식만 먹어, 소화불량 없게 하려 함이고,

걸음걸이가 부자연스러운 것은 매사에 조심하고 멀리 가지 말라는 것이래.

머리가 하얗게 되는 것은 멀리 있어도 나이 든 사람인 것을 알아보게 하기 위한 조물주의 배려이고,

정신이 깜빡거리는 것은 살아온 세월을 다 기억하지 말라는 것이니, 지나온 세월을 다 기억하면 아마도 머리가 핑하고 돌아버릴 거란다. 그래서 좋은 기억, 아름다운 추억만 기억하라는 것이래.

이렇게 우리 신체에서도 세월의 질서를 지키며 우리들에게 안목의 철학을 느끼게 해주는 것 같구나.

이러한 순리를 깨달아 가며, 늘 다가오는 시간을 선물처럼 받아들이고, 가끔 힘들면 한숨 한 번 쉬고, 하늘도 한번 올려 다 보고, 노래도 불러보고, 박수도 크게 한번 쳐보며 잠깐 쉬는 것도 자신을 보듬고 격려하는 일이 될 거야.

잠깐 멈추고 두루두루 둘러보면 참 많이 여러 가지가 보일 것이라 믿는다.

자신을 너무 혹사 시키지 말고 아끼며 사랑하길 바란다.

이제 또 생생통통 한주가 시작되겠지.

늘 건강하고 유익한 시간으로 행복이 여물어 가길 기도하며……

2014년 9월 21일

사랑하는 엄마가

| 오늘의 주제 |

감정관리 7단계

사랑하는 내 딸 안녕^♡^

어제는 정말로 이해할 수 없는 사람들을 보았단다.

구청 민원실에 대기하는 민원인을 위해서 컴퓨터 2대를 비치했는데 어떤 부부가 자기 사무실처럼 서류를 쌓아놓고 하루 종일 작업을 하는 거야. 아예 간식까지 먹으면서 말이야.

그런데 민원실 창구 직원 이야기를 들어보니 어제 하루뿐만이 아니고 이틀이 멀다 하고 그런다는 거야. 그 컴퓨터를 쓰려고 기다리던 사람이 지쳐서 그냥 갔다는구나. 그래서 그 컴퓨터 관리하는 직원이랑 싸움도 많이 했대.

엄마도 불의를 보면 참지 못하는 성격이라 그 부부에게 공공기관 물건을 자기 집 물건처럼 쓰고 계시니 다른 사람들이 사용하지 못하고 있습니다. 그러니 꼭 필요할 때만 사용하시라고 말씀드리고 싶었지.

그래서 감정이 섞이지 않고 어떻게 말씀을 드리면 좋을까 고민하다가 감정관리 7단계라는 좋은 글을 발견하게 되었는데 그 내용이 좋아서 소개한다.

감정관리 7단계

1. '참자!' 그렇게 생각하라
감정관리는 최초의 단계에서 성패가 좌우된다. 욱 하고 치밀어 오르는 화는 일단 참아야 한다.

2. '원래 그런 거'라고 생각하라
예를 들어 아이들이 속을 상하게 할 때에 아이들은 원래 그런 거라고 생각하라.

3. '웃긴다.'고 생각하라
세상은 생각할수록 희극적 요소가 많다. 괴로울 때는 심각하게 생각할수록 고뇌의 수렁에 더욱 깊이 빠져 들어간다. '웃긴다.'고 생각하며 문제를 단순화시켜 보라.

4. '좋다 까짓 것'이라고 생각하라
어려움에 봉착했을 때는 '좋다 까짓 것'이라고 통 크게 생각하라. 크게 마음먹으려 들면 바다보다 더 커질 수 있는 게 사람의 마음이다.

5. '그럴만한 사정이 있겠지.'라고 생각하라

억지로라도 상대방의 입장이 돼보라. '내가 저 사람이라도 저럴 수밖에 없겠지.' '뭔가 그럴만한 사정이 있어서 그럴 거야.'라고 생각하라.

6. '내가 왜 너 때문에'라고 생각하라

당신의 신경을 건드린 사람은 마음의 상처를 입지 않고 있는데 그 사람 때문에 당신의 속을 바글바글 끓인다면 억울하지 않는가. '내가 왜 당신 때문에 속을 썩어야 하지?' 그렇게 생각하라.

7. '시간이 약'임을 확신하라.

지금의 속상한 일도 며칠. 아니 몇 시간만 지나면 별 것 아니라는 사실을 깨달아라.

너무 속이 상할 때는 '세월이 약'이라는 생각으로 배짱 두둑이 생각하라.(이야기 출처: 카카오스토리 "명언과 명사들")

정말 사소한 생각 같지만 감정 관리에 좋은 글인 것 같지 않아? 날마다 감정관리 잘하면서 즐겁고 유익한 행복 누리시길 기도하며

2014년 9월 23일
사랑하는 엄마가

| 오늘의 주제 |

멋진 인생에 대하여

사랑하는 내 딸 안녕^&^

오늘 드디어 효문화뿌리축제가 막을 내렸단다. 3일간 연속 출근하여 피곤하기도 했지만 성황리에 이루어진 효문화뿌리축제를 보면서 보람을 느꼈단다.

이제 붉은 노을이 된 9월 서서히 저물어 감에도 아쉬워하지 않고 9월만이 가질 수 있고 누릴 수 있는 아름다운 추억의 주석 달아주기를 기다리며 10월에게 새 노트를 준비하게 하고 있구나.

쇼펜하우어는

"인생의 저녁은 그 등잔을 들고 찾아온다. 인생의 처음 사십년은 본문이고 다음 삼십년은 그 주석이다."
라고 말했다지.

이 말은 우리가 살아가면서 뿌린 대로 거둔다는 의미가

아닐까 생각한다.

40년은 뿌리고 삼십년은 뿌린 씨앗에 대한 열매를 거두는 주석이 되겠지. 이러한 이야기를 뒷받침 해주는 이야기가 있지.

어느 노인이 빵을 훔쳐 먹다가 재판을 받게 되었대. 재판을 하는 판사가 그 노인에게 "늙어가지고 빵이나 훔쳐 먹고 싶습니까?"라고 말하자, 그 노인은 눈물을 흘리면서 "사흘을 굶었습니다. 그러자 그 때부터 아무것도 안 보였습니다."라고 말했대.

판사는 그 노인에게 "당신이 빵을 훔친 절도행위는 벌금 10달러에 해당됩니다."라고 판결을 내리며 방망이를 '땅땅땅' 쳤다지.

방청석에서는 판사가 사흘을 굶었다고 말한 그 노인을 용서하여 줄 것이라 믿었는데 그렇게 판결을 내리자 판사가 해도 너무 한다며 웅성거리며 판사에게 불만을 표현했대. 그런데 그 판사가 판결을 내리고 난 뒤 자기 지갑에서 10달러를 꺼내더니,

"그 벌금은 내가 내겠습니다. 이 돈을 내는 이유는 그 동안 내가 좋은 음식을 많이 먹은 죄에 대한 벌금입니다. 나는 그 동안 좋은 음식을 너무 많이 먹었습니다. 오늘 이 노인 앞에서 참회하고 노인 대신 그 벌금을 내드리겠

습니다."

그러면서 판사는 "이 노인은 돈이 없으니 이 재판장을 나가면 또 빵을 훔치게 되어 있습니다. 그러니 여기 방청한 여러분도 그 동안 좋은 음식을 먹은 대가로 이 모자에 돈을 기부해 주십시오."라고 말하자. 금방 47달러가 모여졌다네. 그 돈으로 노인을 돕게 된 거지. 그 판사의 재판은 입소문으로 퍼지고 금방 유명해지게 되었지. 그러한 동기는 그 판사를 먼 훗날 워싱턴 시장이라는 직함을 가지게 하였는데 그 판사 이름이 "리야"래.(이야기 출처: 카카오스토리 "명언과 명사들")

이 판사의 이야기가 쇼펜하우어가 주장한 말을 연상하게 하였지.

내 딸도 덕을 많이 쌓고 40이후 그 덕에 대한 주석이 성공의 키가 되기를 기대해본다.

엄마가 연일 바쁘다 보니 아침편지가 저녁편지가 되었네.^^

또 새로운 한주를 시작하며 늘 변함없이 건강하고 평화로운 기적 누리시길 소망한다.

생생통통 활력이 넘치는 화이팅을 외치며

2014년 09월 28일

사랑하는 엄마가

| 오늘의 주제 |

자신을 명품화 시키자

사랑하는 내 딸 안녕^&^

5,000원짜리 지폐 한 장과 50,000원짜리 지폐 한 장이 돼지 저금통속에서 오랫동안 형제처럼 지내고 있었다.

그러던 어느 날 주인이 저금통을 깨고 각각 다른 상인에게 물건 값으로 지불한 이후로 소식도 모르고 지내다가 몇 년 만에 같은 지갑에서 극적인 재회를 하였다. 너무 너무 반가운 두 지폐는 얼싸안고 서로의 안부를 묻는다.

"오만원아 그동안 어떻게 지냈니?"

"응 유람선 여행도 하고 카지노도 가고 예쁜 아가씨의 가슴 사이에도 갔다 오고 나름대로 재미있게 지냈어……."

오만원도 오천 원에게 안부를 물었다.

"넌 어땠어?"

오천 원은 시무룩한 얼굴로
"나야 늘 그렇지……. 교회, 성당, 절, 그리고 교회, 또 성당……."

(이야기 출처: 카톡으로 받은 글)

바른아~~~

이 글 정말 웃기고 재미있지? 누가 이렇게 글을 재미있게 만들었는지 한바탕 웃었단다.

그러나 이 글속에서 엄마는 느낀 게 하나 있지…….

5만원은 성공한 사람으로 비유하였고, 5천원은 그냥 평범하게 지내는 사람으로 비유해 보았단다.

성공한 사람은 자신의 성공사례를 이야기하러 돌아다니기도 할 것이고 여기저기 불려 다니며 바쁘게 좋은 곳을 많이많이 돌아다니는 것을 볼 수 있잖아. 오만 원 권처럼 쓰임이 많은 거지.

그러나 평범한 사람은 다니는 곳도 제한적이고 갈 곳도 없고 그냥 집주변에서 맴돌며 살고 있잖아. 오천 원 권처럼 겨우 교회, 성당 절 같은 곳에 할머니들의 헌금이나 소용되고 있는 것처럼 갈 곳이 적다는 거지. 그래서 사람은 자신의 브랜드를 명품화 시키고 성공하려고 노력하는 것은 어쩌면 자신의 가치를 높이게 되는 것이기 때문에 매우 중요한 일이 아닌가 하는 생각이 든다.

그런데 여기서 명품이 된다는 것은 유명인이 되라는 의미는 아니고 자기가 살아가는 영역(boundary) 바운더리에서 명품이 되자는 거지.

예를 들어 사람들의 입에서

"아~ 그 사람을 보면 괜히 기분 좋아지고 헤어지기 싫어, 그리고 자주 자주 만나고 싶은 사람이야."라는 이미지만 갖추어도 그게 바로 명품이 되는 거라 생각해 오늘도 명품을 갖추는 멋진 소재를 가지고 아름다운 시간을 누리길 바라며……

2014년 10월 3일

사랑하는 엄마가

| 오늘의 주제 |

누군가 나의 안부를 물어온다면 나는
잘 살아 온 거라 확신할 수 있지…….

사랑하는 내 딸 안녕 ^&^

때로는 안부를 묻고 산다는 게

김시천

때로는 안부를 묻고 산다는 게

얼마나 다행스런 일인지
안부를 물어오는 사람이
어딘가에 있다는 게
얼마나 다행스런 일인지
그럴 사람이 있다는 게
얼마나 다행스런 일인지

사람 속에 묻혀 살면서
사람이 목마른 이 팍팍한 세상에
누군가 나의 안부를 물어준다는 게
얼마나 다행스럽고 가슴 떨리는 일인지
사람에게는 사람만이 유일한 희망이라는 걸
깨우치며 산다는 건 또 얼마나 어려운 일인지
나는 오늘 내가 아는 사람들의 안부를 일일이 묻고 싶다

바른아~~~

이 시는 아주 유명한 시인의 시는 아니지만 참으로 많은 생각을 여미게 하는 시라서 소개했다.

누군가 나도 모르는 곳에서 나의 안부를 물어보고 안부를 전해달라고 이야기 한다면 '나는 그래도 조금은 잘 살아온 거야?'라고 자화자찬 할 수 있겠지.

남의 기억 속에 좋은 이미지로 자리하고 있다는 것은 참으로 잘 살아온 결과일거야. 어느 곳에 있든 궁금하고 잘 살거라 믿어주며 항상 머릿속에서 맴돌고 있는 사람에 속하는 것은 지혜로운 삶을 살아온 사람이겠지.

이렇게 남의 기억 속에 아름답고 포근한 이미지로 남는다는 것은 억지로 일부러 할 수는 없는 일이지.

우리가 사는 것은 자신을 위한 삶이지만 타인과 함께 살

아가는 사회 속에서 살기 때문에 반드시 남을 의식하지 않고 살수는 없지.

  그래서 규율이 있고 법도 있는 거겠지. 그러한 규범 속에서 살아가는 것은 참으로 까다롭고 하기 싫은 일들이 많지. 그러나 자신을 위해서 성실히 살다보면 그 자체가 타의 모범이 되기도 하고 그러한 성실한 행동들은 자신만의 독특한 분위가 되는 거지. 그러한 분위기는 인품이 좋은 사람으로 강한 인상이 심어지고, 그러한 사람은 항상 궁금해지기 마련이란다. 보면 기분 좋은 사람이니까, 그래서 보고 싶고 안부도 물어지게 되는 거지.

  우리도 누구를 만나든 보면 기분 좋은 사람, 미소 짓게 되는 사람, 궁금해지는 사람으로 살아가길 하이파이브 하자.

늘 건강미소행복의 에너지 충전 잘하길 바라며

엄마가

| 오늘의 주제 |

인생에서 가장 중요한 3가지들

사랑하는 내 딸 안녕^&^

인터넷 사이트에서 보았는데 많은 공감이 가서 보낸다. 중요한 세 가지들을 자세히 읽어보고 머리를 끄덕이며 공감해 보길 바란다.

▶ 인간의 세 가지 좋은 습관

  1. 일하는 습관

  2. 운동하는 습관

  3. 공부하는 습관

▶ 세 가지 만남의 복

  1. 부모

  2. 스승(멘토)

  3. 배우자

▶ 내가 진정 사랑해야할 세 사람
   1. 현명한 사람
   2. 덕있는 사람
   3. 순수한 사람

▶ 반드시 소유해야할 세 가지
   1. 건강
   2. 재산
   3. 친구(배우자)

▶ 인생의 세 가지 후회
   1. 참을 걸
   2. 즐길 걸
   3. 베풀 걸

▶ 살면서 한번 놓치면 다시 돌아오지 않는 세 가지
   1. 시간
   2. 말
   3. 기회

▶ 남에게 주어야할 세 가지
   1. 필요한 이에게 도움
   2. 슬퍼하는 이에게 위안

3. 가치있는 이에게 올바른 평가

▶ 살아가는데 가장 가치있는 세 가지
  1. 사랑
  2. 자신감
  3. 긍정적 사고

▶ 성공적인 사람을 만들어주는 세 가지
  1. 근면
  2. 진실성
  3. 헌신과 전념

▶ 실패하는 사람을 만들어주는 세 가지
  1. 술
  2. 자만
  3. 화냄

▶ 인생에서 한번 무너지면 다시 쌓을 수없는 세 가지
  1. 존경
  2. 신뢰
  3. 우정

▶ 인간을 감동시키는 세 가지 액체
  1. 땀

2. 눈물

3. 피

(출처: 카카오스토리 "명언과 명사들")

바른아~~~

우리가 살아가는데 필요한 요소들이 전부 총 출동 했지? 결코 후회하지 않는 인생을 살려면 이 세 가지들을 명심하여 행동하고 고려한다면 보람있는 인생이 되겠지.

3일 동안의 황금연휴로 황금충전 많이 했겠지. 황금충전 만땅했으니 씩씩한 발걸음으로 GO GO GO.

월요일을 박차고 나가라. 씩씩하게 전진하라. 용감하게 무찔러라. 김이박도 모두 겁나지 않는다. 한바른이 나가신다. 길을 비켜라. 이렇게 통쾌 상쾌 유쾌한 발걸음으로 또 새로운 한주 점령하길 바란다.

늘 안녕과 건강은 곁에 잘 차고 다니고 기쁨과 즐거움이 충만하길 기원하며,

사랑하는 엄마가

| 오늘의 주제 |

네 종류의 친구

사랑하는 내 딸 안녕^&^

친구 따라 강남 간다는 말 들어본 적이 있지. 이 말은 사람은 사회적 동물이기 때문에 주변 환경과 친구들의 역할이 상당히 중요하다는 의미가 아닌가 하는 생각을 해보았다.

그래서 주변사람들과 환경, 특히 형제보다도 더 친한 관계를 유지할 수 있는 친구는 인생에 있어서 상당히 중요한 부분을 차지한다고 해도 과언이 아니리라 생각한다.

이처럼 친구는 매우 중요한 부분이기 때문에 어릴 때 부모님은 항상 "친구를 잘 사귀라"는 말씀을 밥을 드시듯 하셨단다. 이렇게 중요한 친구에 대한 글귀가 있어 소개한다.

1. 꽃과 같은 친구

꽃이 피어서 예쁠 때는 그 아름다움에 찬사를 아끼지 않습니다. 그러나 꽃이 지고 나면 돌아보는 이 하나 없듯 자기 좋을 때만 찾아오는 친구는 바로 꽃과 같은 친구입니다.

2. **저울과 같은 친구**
저울은 무게에 따라 이쪽으로 또는 저쪽으로 기웁니다. 그와 같이 자신에게 이익이 있는지 없는지를 따져 이익이 큰쪽으로만 움직이는 친구가 바로 저울과 같은 친구입니다.

3. **산과 같은 친구**
산이란 온갖 새와 짐승의 안식처이며 멀리보거나 가까이 가거나 늘 그 자리에서 반겨줍니다. 그처럼 생각만 해도 편안하고 마음 든든한 친구가 바로 산과 같은 친구입니다.

4. **땅과 같은 친구**
땅은 뭇 생명의 싹을 틔워주고 곡식을 길러내며 누구에게도 조건없이 기쁜 마음으로 은혜를 베풀어 줍니다. 한결같은 마음으로 지지해 주는 친구가 바로 땅과 같은 친구입니다.(출처: 카카오스토리 "명언과 명사들")

엄마는 이글을 읽고 친구들을 머리에 떠 올려 보았단다. 꽃과 같은, 저울과 같은 친구는 많았는데 산과 땅과 같은 친구는 별로 없더라. 요즘 많은 사람들의 현실이지.

산과 같은, 땅과 같은 친구를 사귀려면 나 먼저 산과, 땅과 같은 친구가 되도록 노력해야 한다는 생각을 해보았다.

10명의 꽃과 같은, 저울과 같은 친구보다 산과, 땅과 같은 친구 1명만 있어도 살아가면서 큰 의지가 될 것이라는 생각이 든다,

바른이도 산과 땅과 같은 친구 많이 사귀길 바란다. 일교차가 심하니 특히 감기나 폐렴 조심하고 옷 잘 챙겨 입고 다니길 바란다.

사랑하는 내 딸, 우아, 유서방 모두모두 건강 안녕하길 소망하며 미소가 번지는 한주 되길 기원한다.

사랑하는 엄마가

| 오늘의 주제 |

고운 말 좋은 말 예쁜 말

사랑하는 내 딸 바른아^♡^

말은 파동과 파장으로 우주를 움직여 놀라운 파워를 보여준단다. 선한 말에는 선의 에너지가 작용하고 악한 말에는 악성 바이러스가 침투한단다.

우리는 하루를 살면서 수많은 말을 하게 되는데 이중에서 곱고 예쁜 말, 좋은 말은 몇 마디나 할까? 라는 생각을 해보며 고운 말과 예쁜 말, 좋은 말을 쓰는 습관을 들여 본다면 좋지 않을까 생각해본다.

우리가 하는 말은 곧 기도와 주문이기 때문에 나쁜 말은 절대 사용하면 안 된다는 것을 깨달아야 하며 실천해야 한다고 생각한단다.

1. 말(言)대로 이루어(成)지니 정성(誠)스럽게 말하라.

2. 기도는 말이다. 천지창조가 다 말로 이루어졌다.
3. 사랑 가득한 의사는 힘든 환자도 쉽게 살린다. 그것은 좋은 파동 때문이다.
4. 훌륭한 지도자는 말로 비전을 보여준다. 남 험담을 하고 다니면 가짜 지도자다.
5. 흥하는 가정은 사용하는 말부터 다르다. 흥하는 말이 흥하는 가정을 만들기 때문이다.
6. 자녀에게 좋은 말을 가르쳐라. 말의 힘이 위대한 자녀로 거듭나게 한다.
7. 많은 사람들이 스트레스 속에서 살아간다. 모두가 말의 파동 때문이라고 한다.
8. 전자파가 암을 일으킨다. 말의 파동은 전자파 보다 3300배나 더 강력하단다.
9. 천지만물에게 사랑의 말을 들려줘라. 말에 따라 감응이 달라진다.
10. 화초에게 '사랑한다.'는 말을 하라. 죽어가던 식물도 살아난다.
11. 수돗물을 컵에 담고 "좋은 물"이라 해보라. 그 자리에서 성분이 변한다.
12. 악담하는 엄마의 젖을 먹은 아이는 장애아나 문제아가 된다. 말에도 독이 있다는 뜻이다.

13. 밥상에서 불평하지 말라. 음식은 하늘이 내려준 생명 물질이다.
14. 불행은 불평 때문에 생겨난다. 힘들어도 '나는 행복해' 하고 말해보라. 곧 정말로 행복해 질것이다.
15. 긍정적이고 적극적인 언어는 인생 역전이 가능하다고 본다.(출처: 카카오스토리)

이처럼 말에 위력이 대단한 줄 몰랐는데 정말로 대단하지 않니? 수돗물에게도 좋은 물이라고 말해주면 좋은 성분으로 바뀐다는데 항차 사람에게 당신은 좋은 사람입니다. 라고 말해준다면 나빴던 사람도 좋게 변하지 않을까 라는 생각이 든다.

오늘도 고운 말 예쁜 말을 쓰면서 행복한 말의 위력을 느껴보길 소망한다.

사랑하는 엄마가

| 오늘의 주제 |

내 안에 숨어 있는 것들

내 안에 숨어 있는 것들

가향 이영숙

나는
내 안에 무엇이 숨어있는지
찾아보았습니다.

귀여운 아기를
사랑스런 눈으로 바라 봐주는
순수하고 때묻지 않은 어머니 같은
사랑이 숨어 있었습니다

남의 아픔을 함께 아파하고

고통을 매만져주며 함께 울어주는
보석같은 눈물도 숨어 있었습니다.

남의 기쁨을 담뿍 기뻐해주고
남의 행복을 진심으로 축복해주는
백합처럼 순결한
함박웃음도 숨어 있었습니다.

궁지에 몰린 친구를 위해
동분서주 뛰어다니며 희생할 수 있는
달콤한 배려도 숨어 있었습니다.

남의 성공을 자신의 성공처럼
찬양해주고 자랑해주고
칭찬해주는 뜨거운 박수도
숨어 있었습니다.

바쁜 이웃을 위해 팔을 걷어 부치고
진솔한 땀을 함께 흘릴 줄 아는
천사같은 봉사도 숨어 있었습니다.

날이 새면 창살을 비집고 들어오는
영롱한 햇살을 다시 볼 수 있음에 짜릿한

설렘의 감사도 숨어 있었습니다.

힘들 때에도 괴로울 때에도
일이 풀리지 않을 때에도
절대 굴하지 않는
소나무처럼 강직한
푸른 희망도 숨어있었습니다

내 안에 숨어있는 것들
모두 꺼내어 일을 시켜야겠습니다.

어머니 같은 사랑
보석 같은 눈물
순결한 함박웃음
달콤한 배려
뜨거운 박수
천사 같은 봉사
설렘의 감사
푸른 희망에게
날마다 바쁘게
끊임없이 움직이도록
따끔한 채찍을 하겠습니다.

사랑하는 내 딸 바른아~

내 딸에게 지금 막 지은 이 시를 헌시하겠다. 너를 위해서 지은 시란다. 앞으로 이 시는 너의 시란다. 힘들 때마다 두고두고 읽어 보며 자신을 추스르길 바란다.

언제나 너의 곁에 사랑가득 담은 보물 상자들이 많이 있다는 것에 힘내기 바란다.

너만이 간직할 수 있는 보물 상자가 무엇인지 하나하나 적어가며 재미를 느껴보기 바란다.

오늘도 밝은 햇살이 부러워 할 만큼 즐겁고 신나는 기적의 시간 누리길 바라며…….

엄마가

작품해설

'아직도 세상은 아름답다'를 읽고

'시월이 저물어 가니 가을이 무르익어 가는구나. 저녁노을이 마치 다음 날 솟아오를 일출을 약속하는 것처럼 기울임 다음에는 반드시 다시 성成하며 바로 선다는 것을 일깨워 주는 것 같구나'라고 시작하는 이영숙 작가는 예술적 감성과 정갈함으로 촉촉한 사람이다. 바라보는 모든 대상들은 따뜻해지고 어둠의 침묵 속에서 밝은 세상을 향한 발걸음을 시작하게 된다.

작가는 「생각의 차이」라는 글에서 '특별한 인생을 사는 사람들은, 처음에 보스턴 기차표를 산 남자처럼 도전 정신이 강하고 세상의 그림을 그냥 흘려보내지 않고 관찰하면서 체험적으로 살아가는 사람들일 거야'라고 말하면서 아들에게 간접적으로 자신의 삶의 한 여정을 은근하게 보여주고 있다. 산문집 전편에 걸쳐서 작가는 자신의 성찰된 생각과 경험들을 솔직하게 편한 어조로 이야기하듯이 풀어내고 있다.

문학은 언어를 표현 수단으로 하는 예술이다. 낱말을 사용하고 문장을 다듬는 기술을 터득함으로서 개성 있는 작가가 되어야함은 물론이다. 주제의 설정과 형상화, 그리고 삶을 통해 체험된 지혜를 깃들여야 한다. 이런 면에서 이영숙 작가는 시작詩作을 통한 내면의 성숙과 오랜 공무원 생활을 통해 얻어낸 함께함과 어울림의 철학을 통찰하고 있다.

이영숙 시인은 새로운 도전보다는 인생의 잔잔한 추억과 슬픔에 익숙할 연륜을 지녔지만 세상 사람들을 보는 눈이 정확하다. '작금의 현대인들은 남을 존중하고 인정하는 데는 인색하고, 얕은 지식을 가지고도 우쭐대면서 자신이 최고라는 생각으로 살아가는 것을 종종 볼 수 있지. 이러한 현상을 예방하고 차단하려면 내가 먼저 남을 존중해주고 인정해주어야 한다는 생각을 해본다.'라는 삶을 살아가는 지혜를 아들에게 주문한다. 자신의 흔적인 아들에게 간절하고도 절절한 인간관계의 철학을 전하고 있다.

'우리가 소유한 덕이 참기름처럼 반짝 반짝 빛나고 고소한 행복이 된다는 것을 염두에 두고 많은 덕을 쌓기 바라며 덕德으로 무장된 자신을 만들기 위해 더욱 노력했으면 좋겠다는 생각을 가져본다'라는 자신의 덕에 대한 사람으로서 도리를 말하고 있다. 부모와 자식'이라는 인간관계 속에서 부모의 입장에 있는 사람에게는 자식에 대한 자애慈愛가, 자식의 입장에 있는 사람에게는 부모에 대한 효성孝誠이 당위로 요청되고, 자애와 효성은 부모와 자식의 덕이 된다.

인간의 삶은 엄마의 자궁을 떠난 순간부터 선택과 만남의 연속적인 삶을 살아가게 된다. 「선택과 결정은 신중하게」라는 주제에서 '아무리 사소한 선택도 덤벙대지 않고 신중히 하는 습관을 가진다면 후회하는 일을 최소화 할 수 있다는 생각을 해본다.'라고 말한다. 잘못된 선택으로 우리가 겪는 아픔은 얼마나 아프고 생체기 나는 일인가.

제3부의 글부터는 딸에 대한 편지글과 모녀간의 사랑의 대화가 시작된다. 작금의 현실은 조금은 부도덕하고 어지러운 세상임은 누구나 인지하는 사실이다. 그럼에도 불구하고 작가는 아직도 아름다운 세상이라고 외치고 있다. 수많은 진리와 교훈을 주는 글을 선택해서 자녀에게 전하는 진한 모성애의 표현들과 따뜻함이 이 산문집을 읽는 모든

독자들에게 강한 울림으로 다가온다.

치밀한 묘사나 장황한 서사적 언어를 절제한 간결하고 여운 있는 문장들을 보면서 경험과 연륜이 내재된 아름다운 글을 접하게 되어 행복했다. 엄마의 진정성 있는 삶의 교훈을 전해 받은 두 자녀가 이 세상을 살아가면서 주변사람들에게 선한 영향력을 끼칠 것을 생각하니 마음이 벌써 따뜻해진다. 이 산문집이 수많은 독자들로부터 사랑받는 책이 되길 빌며 이영숙 작가님의 산문집 상재를 진심으로 축하합니다.

끝으로 부모의 노동을 통해 세상에 나아가는 자녀와의 관계를 담은 저의 「담쟁이」 시를 축시로 드립니다.

나는
담쟁이 넝쿨

굽은
어미 등 없이는
하늘로

오를 수 없는

김우식 (문학박사, 시인)

아직도 세상은 아름답다
- 딸과 아들에게 보내는 희망편지 -

ⓒ이영숙, 2016

초판 인쇄 2016년 3월 25일
초판 발행 2016년 3월 30일

지은이 | 이영숙
펴낸이 | 강신용
펴낸곳 | 문경출판사
주　소 | 대전광역시 동구 태전로 30, 3층(정동)
전　화 | (042)221-9668~9, 254-9668
팩　스 | (042)256-6096
E-mail | mun9668@hanmail.net
등록번호 | 제 사 113

값 13,000원

ISBN 978-89-7846-576-2 03810

*저자와의 협약에 의하여 인지를 생략함.
*잘못된 책은 바꿔드립니다.